文化育人

第7辑

2018

商务印书馆
创于1897 The Commercial Press
2018年·北京

图书在版编目(CIP)数据

文化育人．第7辑／陈秋明主编．—北京：商务印书馆，2018
ISBN 978-7-100-16714-7

Ⅰ．①文…　Ⅱ．①陈…　Ⅲ．①高等职业教育—文集
Ⅳ．①G718.5-53

中国版本图书馆CIP数据核字（2018）第230440号

文化育人
（第7辑）
陈秋明　主编

商　务　印　书　馆　出　版
（北京王府井大街36号　邮政编码100710）
商　务　印　书　馆　发　行
艺堂印刷（天津）有限公司印刷
ISBN　978-7-100-16714-7

2018年10月第1版　　　开本787×1092　1/16
2018年10月第1次印刷　　印张9½
定价：36.00元

目　　录

论职业

蔡元培

摘　要　本文节选自蔡元培先生主编的《中学修身教科书》，该书共五册，由商务印书馆出版，前两册于1907年12月出版，后三册于1908年3月出版，当时署名为蔡振，振字系选用自蔡元培夫人的名字“黄世振”。清末，自由、平等、博爱等西方民主思想传入中国，加上蔡元培留学西方的耳濡目染，使这些民主思想在《中学修身教科书》中若隐若现。他提倡职业平等，虽然职业有劳心劳力之分，但无高低等差，“凡一职业中，莫不有特享荣誉之人，盖职业无所谓高下”。

关键词　职业、择业、职业无高下

作者简介

蔡元培（1868—1940），著名教育家，曾任北京大学校长。

【人不可无职业】

凡人不可以无职业，何则？无职业者，不足以自存也。人虽有先人遗产，苟优游度日，不讲所以保守维持之道，则亦不免于丧失者。且世变无常，千金之子，骤失其凭借者，所在多有，非素有职业，亦奚以免于冻馁乎？

【游民为社会之公敌，利用资财之道】

有人于此，无材无艺，袭父祖之遗财，而安于怠废，以道德言之，谓之游民。游民者，社会之公敌也。不惟此也，人之身体精神，不用之，则不特无由畅发，而且日即于耗废，过逸之弊，足以戕其天年。为财产而自累，愚亦甚矣。既有此资财，则奚不利用之，以讲求学术，或捐助国家，或兴举公益，或旅行远近之地，或为人任奔走周旋之劳，凡此皆所以益人裨世，而又可以自练其身体及精神，以增进其智德；较之饱食终日，以多财自累者，其利害得失，不可同日而语矣。夫富者，为社会所不可少，即货殖之道，亦不失为一种之职业，但能善理其财，而又能善用之以有裨于社会，则又孰能以无职业之人目之耶？

【选择职业】

人不可无职业，而职业又不可无选择。盖人

之性质，于素所不喜之事，虽勉强从事，辄不免事倍而功半；从其所好，则劳而不倦，往往极其造诣之精，而渐有所阐明。故选择职业，必任各人之自由，而不可以他人干涉之。

【自择职业不可不慎】

自择职业，亦不可以不慎。盖人之于职业，不惟其趣向之合否而已，又于其各种凭借之资，大有关系。尝有才不出中庸，而终身自得其乐；或抱奇才异能，而以坎坷不遇终者；甚或意匠惨淡，发明器械，而细于资财，赍志以没。世界盖尝有多许之牛顿、瓦特其人，而成功如奈端、瓦特者卒鲜，良可慨也。是以自择职业者，慎勿轻率妄断，必详审职业之性质，与其义务，果与己之能力及境遇相当否乎？即不能辄决，则参稽于老成练达之人，其亦可也。

【职业无高下】

凡一职业中，莫不有特享荣誉之人，盖职业无所谓高下，而荣誉之得否，仍关乎其人也。其人而贤，则虽屠钓之业，亦未尝不可以显名，惟择其所宜而已矣。

【袭父兄职业之利便】

承平之世，子弟袭父兄之业，至为利便，何则？幼而狎之，长而习之，耳濡目染，其理论方法，半已领会于无意之中也。且人之性情，有所谓遗传者。自高曾以来，历代研究，其官能每有特别发达之点，而器械图书，亦复积久益备，然则父子相承，较之崛起而立业，其难易迟速，不可同年而语。我国古昔，如历算医药之学，率为世业，而近世音律图画之技，亦多此例，其明征也。惟人之性质，不易揆以一例，重以外界各种之关系，亦非无龃龉于世业者，此则不妨别审所宜，而未可以胶柱向鼓瑟者也。

【劳心劳力之分】

自昔区别职业，士、农、工、商四者，不免失之太简，泰西学者，以计学之理区别之者，则又人自为说。今核之于道德，则不必问其业务之异同，而第以义务如何为标准，如劳心、劳力之分，其一例也。而以人类生计之关系言之，则可大别为二类：一出其资本以营业，而借劳力于人者；一出其能力以任事，而受酬报于人者。甲为佣者，乙为被佣者，二者义务各异。今先概论之，而后及专门职业之义务焉。

敬业与乐业

梁启超

摘　要　《敬业与乐业》是近代文学家梁启超于1922年8月创作的一篇演讲稿，载《饮冰室文集》之三十九。全文可分为三个部分：第一部分（第1段），提出问题，揭示全篇论述中心——敬业和乐业；第二部分（第2至8段），论述敬业和乐业的重要，有业之必要，敬业之重要，乐业之重要；第三部分（第9段），总结全文，勉励人敬业乐业。

关键词　择业、敬业、乐业

作者简介

梁启超（1873—1929），近代著名思想家、教育家，著名维新派人物。

我这题目，是把《礼记》里头“敬业乐群”和《老子》里头“安其居，乐其业”那两句话，断章取义造出来的。我所说的是否与《礼记》《老子》原意相合，不必深求，但我确信“敬业乐业”四个字，是人类生活的不二法门。

本题主眼，自然是在“敬”字、“乐”字。但必先有业，才有可敬可乐的主体，理至易明。所以在讲演正文以前，先要说说有业之必要。

【馋懒无可教】

孔子说：“饱食终日，无所用心，难矣哉！”又说：“群居终日，言不及义，好行小慧，难矣哉！”孔子是一位教育大家，他心目中没有什么人不可教诲，独独对于这两种人便摇头叹气说道：“难！难！”可见人生一切毛病都有药可医，惟有无业游民，虽大圣人碰着他，也没有办法。

【一日不做事，一日不吃饭】

唐朝有一位名僧百丈禅师，他常常用一句格言教训弟子，说道：“一日不做事，一日不吃饭。”他每日除上堂说法之外，还要自己扫地、擦桌子、洗衣服，直到八十岁，日日如此。有一回，他的门生想替他服劳，把他本日应做的工悄悄地都做了，这位言行相顾的老禅师，老实不客气，那一天便绝对的不肯吃饭。

【万恶懒为首】

我征引儒门佛门这两段话，不外证明人人都要有正当职业，人人都要不断的劳作。倘若有人问我："百行什么为先？万恶什么为首？"我便一点不迟疑答道："百行业为先，万恶懒为首。"没有职业的懒人，简直是社会上的蛀米虫，简直是"掠夺别人勤劳结果"的盗贼。我们对于这种人，是要彻底讨伐，万不能容赦的。

【只要勤，择业不难】

有人说："我并不是不想找职业，无奈找不出来。"我说："职业难找，原是现代全世界普遍现象，我也承认。"这种现象应该如何救济，别是一个问题，今日不必讨论，但以中国现在情形论，找职业的机会依然比别国多得多。一个精力充满的壮年人，倘若不是安心躲懒，我敢信他一定能得相当职业。今日所讲，专为现在有职业及现在正做职业上预备的人——学生——说法，告诉他们对于自己现有的职业应采何种态度。

【择业态度一：敬业】

第一要敬业。敬字为古圣贤教人做人最简易直捷的法门，可惜被后来有些人说得太精微，倒变了不适实用了。惟有朱子解得最好，他说："主一无适便是敬。"用现在的话讲，凡做一件事，便忠于一件事，将全副精力集中到这事上头，一点不旁骛，便是敬。业有什么可敬呢？为什么该敬呢？人类一面为生活而劳动，一面也是为劳动而生活。人类既不是上帝特地制来充当消化面包的机器，自然该各人因自己的地位和才力，认定一件事去做。凡可以名为一件事的，其性质都是可敬。当大总统是一件事，拉黄包车也是一件事。事的名称，从俗人眼里看来有高下；事的性质，从学理上解剖起来并没有高下。只要当大总统的人，信得过我可以当大总统才去当，实实在在把总统当作一件正经事来做；拉黄包车的人，信得过我可以拉黄包车才去拉，实实在在把拉车当作一件正经事来做，便是人生合理的生活。这叫做职业的神圣。凡职业没有不是神圣的，所以凡职业没有不是可敬的。惟其如此，所以我们对于各种职业，没有什么分别拣择。总之，人生在世，是要天天劳作的，劳作便是功德，不劳作便是罪恶。至于我该做哪一种劳作呢？全看我的才能何如、境地何如。因自己的才能、境地，做一种劳作做到圆满，便是天地间第一等人。

【做一行忠一行】

怎样才能把一种劳作做到圆满呢？惟一的秘诀就是忠实，忠实从心理上发出来的便是敬。《庄子》记佝偻丈人承蜩的故事，说道："虽天地之大，万物之多，而惟吾蜩翼之知。"凡做一件事，便把这件事看作我的生命，无论别的什么好处，到底不肯牺牲我现做的事来和他交换。我信得过我当木匠的做成一张好桌子，和你们当政治家的建设成一个共和国家同一价值；我信得过我当挑粪的把马桶收拾得干净，和你们当军人的打胜一支压境的敌军同一价值。大家同是替社会做事，你不必羡慕我，我不必羡慕你。怕的是我这件事做得不妥当，便对不起这一天里头所吃的饭。所以我做这事的时候，丝毫不肯分心到事外。曾文正说："坐这山，望那山，一事无成。"一个人对于自己的职业不敬，从学理方面说，便亵渎职业之神圣；从事实方面说，一定把事情做糟了，结果自己害自己。所以敬业主义，于人生最为必要，又于人生最为有利。庄子说："用志不分，乃凝于神。"孔子说："素其位而行，不愿乎其外。"所说的敬业，不外这些道理。

【择业态度二：乐业】

第二要乐业。"做工好苦呀！"这种叹气的声音，无论何人都会常在口边流露出来。但我要问他："做工苦，难道不做工就不苦吗？"今日大热天气，我在这里喊破喉咙来讲，诸君扯直耳朵来听，有些人看着我们好苦；翻过来，倘若我们去赌钱去吃酒，还不是一样的淘神费力？难道又不苦？须知苦乐全在主观的心，不在客观的事。人生从出胎的那一秒钟起到绝气的那一秒钟止，除了睡觉以外，总不能把四肢五官都搁起不用。只要一用，不是淘神，便是费力，劳苦总是免不掉的。会打算盘的人，只有从劳苦中找出快乐来。我想天下第一等苦人，莫过于无业游民，终日闲游浪荡，不知把自己的身子和心子摆在哪里才好，他们的日子真难过。第二等苦人，便是厌恶自己本业的人，这件事分明不能不做，却满肚子里不愿意做。不愿意做逃得了吗？到底不能。结果还是皱着眉头，哭丧着脸去做。这不是专门自己替自己开玩笑吗？

【只要肯努力，趣味自然生】

我老实告诉你一句话，凡职业都是有趣味的，只要你肯继续做下去，趣味自然会发生。为什么呢？第一，因为凡一件职业，总有许多层累、曲折，倘能身入其中，看它变化、进展的状态，最为亲切有味。第二，因为每一职业之成就，离不了奋斗，一步一步的奋斗下去，从刻苦中得快乐，快乐的分量加增。第三，职业的性质常常要和同业的人比较骈进，好像赛球一般，因竞胜而得快乐。第四，专心做一职业时，把许多胡思妄想杜绝了，省却无限闲烦恼。孔子说："知之者不如好之者，好之者不如乐之者。"人生能从自己职业中领略出趣味，生活才有价值。孔子自述生平，说道："其为人也，发愤忘食，乐以忘忧，不知老之将至云尔。"这种生活，真算得人类理想的生活了。

我生平最受用的有两句话：一是"责任心"，二是"趣味"。我自己常常力求这两句话之实现与调和，又常常把这两句话向我的朋友强聒不舍。今天所讲，敬业即是责任心，乐业即是趣味。我深信人类合理的生活应该如此，我望诸君和我一同受用！

教育与道德之养成

郭秉文

摘　要　本文节选自郭秉文博士论文《中国教育制度沿革史》，写于1914年美国哥伦比亚大学，商务印书馆1920年出版，是迄今为止人们研究中国教育制度，特别是“公共教育制度”历史的必读名著之一。全书近13万字，言简意赅地梳理了中国几千年“公共教育制度”的发展脉络和基本特征，特别是对1840年到1914年间中国教育的变化所描绘的图景，值得研究。

关键词　道德养成、道德教授、知行合一

作者简介

郭秉文（1880—1969），曾任南京高等师范学校校长、东南大学校长。

如何能使学校为养成适于国民道德之机关，乃吾国今日教育问题中之最重要者也。昔日教育制度，以经学为课程之中心，经学者，为吾人高尚思想与言论之宝库，凡个人家庭与人民责任，皆不能脱此藩篱，受其淘溶者。能养成一种高尚之道德，及优美稳定之性质，而吾国之文明即持此种道德性质维系而不坠者也。旧教育制度既废，新教育制度代兴，旧经学与旧道德之教授法虽不能尽弃而不顾，而其影响必不能若昔时之重大，则无疑义。富于旧道德观念者曰：将来之道德何如乎？以现今之情状，不独保守旧道德所固有，且当合于近世之需要，与西方文明融会而广大之，为事之能乎否乎？在保守心过重之徒，以复古为志，思复置经学于小学校中，占重要之位置。幸有识见高超者，知已废者之不可以复也。而新教育制度之能力，若善用之，则其成效必出乎吾人之所料。

当新旧教育过渡时代，道德教授已视为学校课程中之重要科目，编为普通用之道德教科书甚富，不独改良旧道德之教授法，且足以助年幼之学生记诵经学。而孔子所乐称君子之观念，以学生程度之高低，施用各种摹绘情状法与譬喻开发

法，俾其了悟于心，虽选辑之材料或不无可以批驳之处，而大体则甚妥适。

我国人在今日，几无不知道德之重要，皆以全力赴之。部中所公布诸法令，所谓教育第一之宗旨者，启发学生之道德也。学校课程中，仍注重道德教授，以道德为教授特种科目，则教育惟一之宗旨，自必以道德为归，是以吾国前途之幸福、希望，皆赖乎是矣。

虽然，养成道德之道亦多矣，岂限于学校课程中之道德一科目已哉。而他种科目，未尝不可变更其意思感情，使之趋于正确之途。中国之文学资料，有意撰，有稗官，有传纪与诗赋，于养成人民道德之生活，均占极高之价值，不独关于智慧一方面而已也。且所以振触其感觉，导引其动力和其理想行为与志气之力甚巨。他若历史，则古人之理想功业跃现于纸上，读其书想见其丰功伟烈，有动于心，遂能铸成高贵品格。由是观之，历史为启发道德之重要分子，亦何减于文学哉！故历史教员与国文教员，若以有价值参考之所得，灌输种种模范于学生之心目中，庶几其动作行为有一正确之主张焉。抑更有进者，道德影响之推进，不仅以历史文学为限也，苟拟以道德观念，渐积于全校，则学校课程中无论何种科目，皆足以分奖劝学生道德之影响者也。

夫人既知仅仅教授正当行为之理论，不足以养成儿童之品行，然又确信有一种助力则无疑义。盖道德教训非具体而抽象者，若离真正生活而独特此注入学生之脑筋，必无甚价值可言，是以不得不利用他种有效之法而加意焉。所谓最重之原因惟何，曰教员之品格，从经验上而知学生之气质，由聪明豁达之教员默示感化，渐觉其向慕而变化者，则其效必较教员之口讲为真切。其他之原因，则由于学生之天性与感觉，凡善于训育之教员，必深悉己之行善风采与优美习惯影响及于儿童甚大。要之道德演讲，英雄故事，感神寓言，虽能感人之情，若非儿童本性优良者，其效必浅。故理想与感觉非有真实行为之表现，仍不能成儿童能力与习惯之一部分。故吾人之于道德也，非独知之，且宜行之，是谓知行合一。今日中国之教育家，有知以上所述而原因之重要也，故于学校表现天性与感情之机会，设备甚为周至，学校之奖励运动以及游艺会等，皆养成社交之关系，法非不善也，但当稍变其道，而于养成习惯与品行，尤当三令五申而实践之。

开启我国高职院校文化育人新征程

在第七届全国高职院校文化育人高层论坛上的发言

王冀生

摘　要　我国的高职教育，经历了一个从“技能本位”向“文化育人”的转型升级，而教育“为人民服务，为社会服务”的方针是新时代开启我国高职院校文化育人新征程的根本指导方针。从战略的高度关心和爱护青年一代，自觉地通过教育活动促使每一个青年都能获得全面而自由的发展，直接关系到国家、民族的前途和命运。

关键词　高职教育、教育强国、内涵式发展、以人为本

作者简介

王冀生，原国家教委高等教育研究中心主任、研究员。

2017年10月18日，召开了具有重大历史意义的中国共产党第十九次全国代表大会。在这次大会上，根据中国特色社会主义道路已经取得的巨大成就和我国社会主要矛盾的深刻转化，习近平总书记创造性地提出了“坚持以人民为中心”和“坚持党对一切工作的领导”为核心的新时代中国特色社会主义思想，是马克思主义中国化的最新成果和全党全国人民为实现中华民族伟大复兴而奋斗的行动指南。下面，我从新使命、新理念、新模式和新家园四个方面，就“开启我国高职院校文化育人新征程”这个专题，谈谈我的学习体会和初步构想。不当之处，欢迎大家批评指正。

一、新使命：我国高职教育正处于新的战略机遇期

我国高职教育，如果从1866年创办船政学堂算起，已有一百多年的历史。新中国建立以后，特别是1999年中共中央和国务院提出“大力发展高等职业教育”以来，作为我国整个高等教育体系中的一种教育类型，我国高职教育经历了一个逐步提高、文化自觉和深入艰苦探索的过程。现

在，已经逐渐地从“社会边缘地带”进入了“经济发展的核心层面”，并且初步实现了从“技能本位”向“文化育人”的转型升级，成为推动地方（行业）经济转型升级的“发动机”，成功地走出了一条有中国特色的高职教育发展道路。

近年来，从“大国尚技”的震撼到“工匠精神”的感动，让人们清晰地感觉到“劳动光荣，技能宝贵，创造伟大”正在逐渐成为我国新的时代风尚。在“中国制造2025”已经成为国家战略的今天，“工匠精神”正在赋予我国高职教育新的生命。在这个历史发展的重要时刻，习近平总书记在党的十九大上精辟地指出：“加快建设制造强国”“完善职业教育和培训体系，深化产教融合、校企合作”“建设知识型、技能型、创新型劳动者大军，弘扬劳模精神和工匠精神，营造劳动光荣的社会风尚和精益求精的敬业风气”。这种情况充分说明，当前我国高职教育正处于新的战略机遇期。

通过认真学习和初步研究，我强烈地意识到：当前“中国制造”正处于从“低端制造”向“优质制造、精品制造、高端制造”转型升级的关键时期。要保持我国经济高速增长，打造大众创业、万众创新和增加公共产品、公共服务“双引擎”，我国迫切需要大批生产、建设、服务和管理第一线，能够尽快将创新研究成果转化为现实生产力的具有现代“工匠精神”、必要学科基础、熟练专业技能和较强创新能力的新型劳动者和高素质技术、技能型人才。他们既是实现创新驱动发展、推动“中国制造”转型升级的必然选择，也是实现“两个一百年”奋斗目标和中华民族伟大复兴的中国梦的坚实保障。因此，当前国家对高职教育进一步转型升级的愿望比以往任何时候都更为强烈。

与此同时，我也清醒地认识到：虽然我们已经成功地走出了一条有中国特色的高职教育发展道路，但是，目前我国高职教育总体发展水平还不够高，区域间、学校间发展还不平衡，文化育人和教育质量仅仅有了一个良好的开端。

由此可见，当前我国高职教育发展面临的主要矛盾，已经由创业初期“人民群众日益增长的对高等教育的需求与我国高等教育供给能力不足”之间的矛盾，转化为“人民群众日益增长的对更加公平和更高质量的高职教育的需求与我国高职教育发展不平衡不充分”之间的矛盾，其实质是习近平总书记在党的十九大上作出的“我国社会主要矛盾已经转化”的精辟论断在我国高职教育上的深刻反映。因此，以向“中国制造2025”挺进和大力弘扬“工匠精神”为契机促使我国高职教育向“中高端”进军，是新时代“开启我国高职院文化育人新征程”应当承担的新的重大使命。

二、新理念：坚持文化自信建设教育强国

习近平总书记在党的十九大上精辟地指出：“文化自信是一个国家、一个民族发

展中更基本、更深沉、更持久的力量。”“建设教育强国是中华民族伟大复兴的基础工程。”通过认真学习和初步领会，我认为，以习近平新时代中国特色社会主义思想关于“坚持文化自信建设教育强国”的精辟论述为指导，全面理解和贯彻执行教育“为人民服务，为社会主义服务”的方针，坚信“青年兴则国家兴，青年强则国家强”的生命信念，以“培养担当民族复兴大任时代新人”为着眼点，坚持、加强和改善党对高等学校的领导，是新时代指导“开启我国高职院校文化育人新征程”的新理念。

（一）全面理解和贯彻执行教育“为人民服务，为社会主义服务”的方针

党的教育方针是党对教育工作的根本指导方针，决定着我国教育工作“为谁服务”的根本方向。新中国建立以后，随着社会主义革命、建设和改革开放事业的深入发展，尤其是随着党对中国特色社会主义建设规律的不断探索，不同历史时期党的教育方针对“为谁服务”的提法有过多次变化。在建国初期，党提出过“以老解放区新教育经验为基础，吸收旧教育有用经验，借助苏联教育建设的先进经验，建设新民主主义教育”的方针；在“以阶级斗争为纲”错误思想影响下，党提出过“教育必须为无产阶级政治服务”的方针；改革开放以后，随着党的工作重心的转移，曾经在一个比较长的时期里坚持“教育必须为社会主义现代化建设服务”的方针；从党的十六大到十八大，把教育方针进一步调整为“教育为社会主义现代化建设服务，为人民服务”。

关于“为人民服务”与“为社会主义服务”的主从和辩证关系，党的十八大闭幕后召开的记者会是个重大转折，习近平总书记在记者会上说的第一句话就是：“人民对美好生活的向往，就是我们的奋斗目标。”听了以后，我感到耳目一新，精神为之一振。在党的十九大上，围绕“坚持以人民为中心”这个核心和灵魂，习近平新时代中国特色社会主义思想提出了“十三个坚持”，构成了“十四条”的基本方略。

以“坚持以人民为中心”为核心和灵魂的新时代中国特色社会主义思想为指导，科学总结正、反两个方面的经验教训，习近平总书记在党的十九大上进一步明确地提出“为人民服务，为社会主义服务”的方针，把“为人民服务”调整到“为社会主义服务”的前面，这是习近平新时代中国特色社会主义“坚持以人民为中心”的思想在文化、教育方针上的反映。这是一个根本性的转变，是党历来倡导的“为人民服务”建党宗旨的一种回归，具有划时代的重大历史意义和理论价值。

这个重大转折使我深刻地认识到：“为社会主义服务”说到底是“为人民服务”，“中国特色社会主义道路”是为实现社会主义现代化、创造人民美好生活的必由之路。

由此可见，教育“为人民服务，为社会服务”的方针是新时代“开启我国高职院校文化育人新征程”的根本指导方针，我们必须全面理解和贯彻执行。

（二）坚信“青年兴则国家兴，青年强则国家强”的生命信念

在党的十九大上，习近平总书记作出了“青年兴则国家兴，青年强则国家强”的精辟论断，主要强调以下四点：

第一，“青年一代有理想、有本领、有担当，国家就有前途，民族就有希望”，这是党对“青年是国家、民族的未来”的生命信念；

第二，“中国梦是历史的，更是青年一代的。中华民族伟大复兴的中国梦将在一代代青年的接力奋斗中变为现实”，这是党对“青年在国家、民族未来中的历史作用”的战略思考；

第三，“广大青年要坚定理想信念，志存高远，脚踏实地，勇做时代的弄潮儿，在实现中国梦的生动实践中放飞青春梦想，在为人民利益的不懈奋斗中书写人生华章”，这是党对“青年一代应当有理想、有本领、有担当”的一种热切期望；

第四，“全党要关心和爱护青年，努力形成人人渴望成才、人人努力成才、人人皆可成才、人人尽展其才的良好局面。让各类人才的创造活力竞相迸发、聪明才智充分涌流，为他们实现人生出彩搭建舞台”，这是党对“青年一代健康成长”的人文关怀。

习近平总书记在党的十九大上作出的“青年兴则国家兴，青年强则国家强”的精辟论断，使我第一次如此深刻地意识到：坚信“青年兴则国家兴，青年强则国家强”，从战略的高度关心和爱护青年一代，自觉地通过教育活动促使每一个青年都能获得“全面而自由的发展”，成为“有理想、有本领、有担当”的一代新人，不仅关系到我国青年一代的健康成长，而且直接关系到国家、民族的前途命运。这是新时代“开启我国高职院校文化育人新征程”的一种生命信念和人文关怀，是全面理解和贯彻执行新时代教育“为人民服务，为社会主义服务”方针的具体体现。

（三）以“培养担当民族复兴大任时代新人”为着眼点

在党的十九大上，习近平总书记精辟地指出：“要以培养担当民族复兴大任时代新人为着眼点，强化教育引导、实践养成、制度保障。”通过认真学习和深入领会，我觉得，“以培养担当民族复兴大任时代新人为着眼点”，是新时代全面理解和贯彻执行教育“为人民服务，为社会主义服务”的方针，落实坚信“青年兴则国家兴，青年强则国家强”的生命信念，“开启我国高职院校文化育人新征程”的崇高目标。为此，应当

注意做好以下几项工作：

第一，坚持“育人为本”第一要义和落实“立德树人”根本任务。

“育人为本”是大学存在的第一要义，这是大学的本质及其在人类社会发展中的历史地位决定的，无论学校的功能如何扩大和层次、规格如何提升，“‘育人为本’是大学存在的第一要义”在大学里的地位是不能改变的。“立德树人”是自古以来我国教育的优良传统，既要在“全面树人”中坚持“以德为先”，又要在“以德为先”的前提下坚持“全面树人”，以通过人文化成“推行教化庶民和促使天下昌明”为关键，把“立德树人”贯穿于高职院校文化的全过程，这是全体教师的共同任务和学校办学的根本方向。

第二，深刻理解“有理想、有本领、有担当”的科学内涵。

“培养担当民族复兴大任的时代新人”是坚持“育人为本”第一要义和落实“立德树人”根本任务的崇高目标，这里的关键是深刻理解“有理想、有本领、有担当”的科学内涵及其内在联系。

“有理想”，就是要求青年一代“坚定思想信念，志存高远，决心为实现中华民族伟大复兴的中国梦而奋斗”。但是，为实现中华民族伟大复兴的中国梦而奋斗是一个历史过程。应当看到，青年一代同时面对着两个世界，一个是“理想的真世界”，另一个是“现实的俗世界”，这两个世界同等重要，既不能脱离“现实的俗世界”空想“理想的真世界”，更不能迷恋“现实的俗世界”失去“理想的真世界”。正确的态度应该是从“现实的俗世界”出发，坚定信念，下定决心，不怕牺牲，排除万难，为实现“理想的真世界”而奋斗。这样做，既要“有担当”，更需要“有本领”。由此可见，对于一个有志青年来说，“有理想，有本领、有担当”三者缺一不可。

第三，“有文化”是“有理想、有本领、有担当”的根基。

作为“有理想、有本领、有担当”的根基，“有文化”包括两个基本方面，一是提高基本文化素质，二是树立社会主义核心价值观，这是“文化育人”的核心和重点。

教育学上的素质，指的是在遗传素质的基础上形成和发展起来的，指的是在人的先天的解剖生理特点的基础上，受后天教育、环境的影响，经过个体自身的学习、实践和主观努力，特别是通过外在文化的内化和促进身心的发展，形成的一种人的内在的、综合的和稳定的个性心理品质。人的全面综合素质主要包括两个方面：一是人的基本文化素质，包括品德、学识、智能和体魄；二是专业素质，包括专业知识、技能和能力。二者相互联系、相互渗透、相辅相成，其中，人的基本文化素质既是树立理想信念、养成健全人格和提高适应能力的根基，也是提高独立地分析、解决专门实际问题能力的基础，在培养“担当民族复兴大任的时代新人”中据有特殊重要的地位。

每个时代都有每个时代的精神，每个时代都有每个时代的价值观念。中国古代讲格物致知，诚意正心，修身齐家，治国平天下。从某种角度看，格物致知，诚意正心、修身是个人层面的要求，齐家是社会层面的要求，治国平天下是国家层面的要求。党的十八大提出的以“爱国、敬业、诚信、友善，自由、平等、公正、法治，富强、民主、文明、和谐”为基本内涵的社会主义核心价值观，把涉及国家、社会、公民层面的价值要求融为一体，既体现了社会主义的本质要求，继承了中华优秀传统文化，也吸收了世界文明的有益成果，体现了时代精神。在党的十九大上，习近平总书记进一步指出：“社会主义核心价值观是当代中国精神的集中体现，凝结着全体人民共同价值追求”。

由此可见，“担当民族复兴大任的时代新人”应当植根于深厚的文化底蕴。因此，加强基本文化素质教育，自觉地培育和践行社会主义核心价值观，并把它们融入我国高职院校文化育人的全过程，使其内化于心和外化于行，是培养“担当民族复兴大任的时代新人”的根本。

第四，培养“师者仁心，知行合一，学为人师，行为世范”的教师队伍。

必须着重指出，建设一支“师者仁心，知行合一，学为人师，行为世范”的教师队伍是培养“担当民族复兴大任时代新人”的关键所在。我国古代著名教育家韩愈精辟地指出：“古之学者必有师。师者，所以传道、授业、解惑也。”明代著名医学家王肯堂曰：“欲济世而习医则是，欲谋利而习医则非。”遵循上述两位大师的教导，我深刻地感悟到：人间有两种职业最重要，也都不应该以谋利为目的，一是师者，二是医者，前者应“倾其所学，和谐育人”，后者应“德艺双馨，治病救人”，皆需“仁爱之心”，故有“师者仁心”和“医者仁心”之说。由此可见，教师工作之所以重要，就在于教师工作不仅是传授知识，更重要的是塑造灵魂、塑造生命、塑造人。对于高职院校广大教师来说，还要努力做到“知行合一”，既要有比较坚实的学科基础，又要紧密结合高职教育的实际需要，把高职教育的培养目标真正落到实处。

（四）坚持、加强和改善党对我国高等学校的领导

新中国建立以后，我国对如何建立“党对高等学校的领导体制”进行过长期的探索。建国初期，曾经实行过“学校党委保证和监督下的校务委员会负责制”；1956年党中央决定实行“学校党委领导下的校长负责制”；1985年5月《中共中央关于教育体制改革的决定》明确提出“要扩大高等学校的办学自主权”，“学校逐步实行校长负责制”；20世纪90年代以后，我国再次恢复实行“学校党委领导下的校长负责制”。回顾总结正、反两个方面的经验教训，习近平总书记在党的十九大上坚定不移地指出：

“坚持党对一切工作的领导。”“党政军民学，东西南北中，党是领导一切的。”其中，当然包括高等学校。因此，坚持、加强和改善学校党委领导下的中国特色现代大学制度是新时代“开启我国高职院校文化育人新征程”的制度保证。确立了坚持、加强和改善学校党委领导下的中国特色现代大学制度之后，我认为，最重要的，是应当要求我国高等学校党委书记和校长全心全意地献身祖国教育事业，在长期教育和办学实践中努力成为“政治上强，品德高尚，学识渊博，懂得教育，理念独到，善于治校”的社会主义教育家，不断提高学校党委的领导水平和决策能力。国家应当努力为我国新一代社会主义教育家迅速崛起创造良好的文化生态环境。当然，最根本的，是应当坚定不移地全面从严治党，持之以恒正风肃纪。只有这样，学校党委才能团结带领全院师生员工为“开启我国高职院校文化育人新征程”，以向“中国制造 2025”挺进和大力弘扬“工匠精神”为契机向“中高端”进军，为实现中华民族伟大复兴的中国梦和构建人类命运共同体而坚持不懈地奋斗。

三、新模式：坚持走内涵式高职教育发展道路

在党的十九大上，习近平总书记明确地提出：“必须把教育事业放在优先位置，深化教育改革”“实现高等教育内涵式发展”。因此，我认为，为了培养具有现代“工匠精神”、必要学科基础、熟练专业技能和较强创新能力的知识型、技能型、创新型劳动者大军，我们应当坚持走内涵式高职教育发展道路，进一步探索构建和完善我国高职教育文化育人新模式，这是新时代“开启我国高职院校文化育人新征程”的必由之路。

（一）“劳动者”是我国人才培养的本质要求

早在 1957 年，毛泽东就在《关于正确处理人民内部矛盾》一文中精辟地指出：“我们的教育方针，应该使受教育者在德育、智育、体育诸方面都得到发展，成为有社会主义觉悟的有文化的劳动者。”其中，“有社会主义觉悟”是我国人才培养的根本方向，“有文化”是我国人才培养的核心和重点，“劳动者”是我国人才培养的本质要求。我国是社会主义国家，马克思主义历来认为“世界是劳动人民创造的”。因此，在我国，无论是党和国家的领导人、科学家、工程师、企业家，还是普通工作人员、工人、农民、知识分子，都是在人格上完全平等的劳动者。尤其是在当前我国正在向“中国制造 2025”挺进和大力弘扬“工匠精神”的新情况下，我国不仅需要一批高水平研究型大学和若干所正在向世界一流进军的大学培养学术型的拔尖创新人才进行基础科学研

究，科技开发和产品设计，也需要能够把创新研究成果尽快转化为现实生产力的知识型、技能型、创新型劳动者大军，二者同等重要，并无高低之分。

（二）“知识型、技能型和创新型”是主体和重点

培养“知识型、技能型、创新型劳动者大军”是高职教育的根本任务，因此，必要学科基础、熟练专业技能和较强创新能力是“高职院校文化育人”的主体和重点。尤其是当今世界正处于大发展大变革大调整时期，科学技术突飞猛进，国力竞争日趋激烈，知识经济正在兴起，意识形态领域的渗透和争夺更加深刻。在这样新的时代背景下，高职院校的学科基础、专业技能和创新能力都必须紧紧跟上这个飞速发展、变革和调整的时代步伐，它必将促进脑力劳动与体力劳动的相互结合和加快创新型国家的建设步伐。

（三）大力弘扬现代“工匠精神”，铸造我国高职教育之魂

近一个时期以来，弘扬“工匠精神”和培育“大国工匠”的呼声一浪高过一浪，这是由新时代我国“贯彻新发展理念，建设现代化经济体系”的需要决定的。习近平总书记在党的十九大报告中强调指出：“加快建设制造强国，加快发展先进制造业”，“弘扬劳模精神和工匠精神，营造劳动光荣的社会风尚和精益求精的敬业风气”。经过认真学习和初步研究，我认为，现代“工匠精神”的基本内涵是“四个精神”：一是“质量至上的服务精神”，这源于“市场意识”；二是“精益求精的品质精神”，这是核心内涵；三是“追求卓越的创造精神”，这是本质要求；四是“报效祖国的献身精神”，这是根本动力。因此，在“高职院校文化育人”中，应当大力弘扬以“报效祖国的献身精神，精益求精的品质精神，追求卓越的创造精神，质量至上的服务精神”为基本内涵的现代“工匠精神”，铸造我国高职教育之魂，它既是高职院校大学精神的核心内涵，更是高职院校毕业生“有理想、有本领、有担当”的重要体现。因此，应当把现代“工匠精神”教育贯穿于“高职院校文化育人”的始终，不仅要单独设置“现代工匠精神”课程，而且要把“现代工匠精神”教育贯穿“高职院校文化育人”的全过程，特别是要到企业参加实践和接受企业文化熏陶。

（四）坚持走“立足地方，产教融合，校企合作，开放办学”的道路

作为主要由地方举办的高职院校和与国民经济联系最为紧密的一种教育类型，高职教育必然要求坚持走“立足地方，产学融合，校企合作，开放办学”的道路。与此相适应，需要建立“政府主导，产教融合、校企合作，开放办学”的教育体制。这样

做，既符合高职教育的办学规律，又能够充分地发挥地方政府、高职院校和行业企业三个方面的积极性和创造性。为此，应当注意以下几点：第一，根据地方（行业企业）的实际需要设置专业和改革教育、教学体系；第二，在学校内部建设高水平的工业实践基地和积极开展应用研究、技术开发、咨询服务，使学生在校内获得基本技术、技能训练和受到“双创”活动初步锻炼；第三，与相关行业企业建立产、学、研的深度融合关系，大力开展校企合作教育，使学生能够受到职业道德教育、参加顶岗生产劳动和开展“双创”活动，促进高职院校文化与行业企业文化的相互融合；第四，自觉地接受社会评估监督和政府指导管理，作为不断改进高职院校教育、教学工作和提高教育、教学质量的重要依据。

四、新家园：构建人文理性求实创新和谐的高职人精神家园

大学文化的根基在学术，核心和灵魂在精神，大学精神的核心是一种生命信念、价值追求、道德规范和思维方式，“文化为魂”是大学赖以存在的精神支柱。因此，以党的十九大精神，特别是以习近平新时代中国特色社会主义思想为指导和建设“富强民主文明和谐美丽的社会主义现代化国家”为榜样，在当今世界多元文化激荡交融中“构建人文理性求实创新和谐的我国高职人的精神家园”是“开启我国高职院校文化育人新征程”的精神支柱和战略目标。

（一）人文：生命信念和精神境界

人类曾经长期处于以我国孔子儒学“以伦理道德为本位的”教育理想和古希腊亚里士多德“注重发展人的理性”的“自由教育”思想为杰出代表的古典人文主义教育时代。随之，古代大学被人们称为是人类文明的精神家园和人才养成的重要基地，这是人类教育发展的“根”。近一个多世纪以来，在社会现代化和世俗化的过程中，教育和大学，包括高职教育和高职院校的发展、变革并不是一帆风顺的，特别是20世纪90年代中期以来，在世界范围内日益明显地出现了一种以“崇尚物质，忽视人文”为主要内涵的全球性文化生态危机及其导致的大学办学偏离“育人为本”的倾向和“物质丰富，心灵贫乏”的“单面人”现象。正、反两个方面的经验教训使我们深刻地认识到：“人文”不仅是一种正确认识和处理人与自然、人与社会、人与他人、人与自己的人文精神，更是一种追求实现“人的生命意义和价值”的生命信念。因此，我们应当树立“生命信念与精神境界辩证统一”的新人文观，这是“构建人文理性求实创新和

谐的我国高职人的精神家园”的第一要义和兴校之魂。

（二）理性：人文目标和科学理性

自古希腊以来，西方大学一直坚守“知识即目的”的理性追求、“为科学而科学”的价值准则和“为真理而献身”的独立精神。从根本上说，这种“求真”精神源自“人文精神”。近一个多世纪以来，随着人类从“以人的体力劳动为基础的”农业经济社会逐渐向“以科学技术是第一生产力的”工业经济社会转型，“政治论高等教育哲学”和“工具主义理性文化”逐渐实现了对大学和大学教育的征服与统治，知识取向和注重应用在大学教育和办学实践中逐渐居于主导地位，大学不再关注人的精神和道德境界的提升以及“探索未知”这个大学赖以存在的根基，其实质是出现了“科学理性”与“人文目标”的价值冲突。面对这个严峻挑战，我们应当树立“人文目标与科学理性辩证统一”的新理性观，既要坚持“科学理性”是“人文目标的价值基础”，更要坚持“知识理性与价值理性的辩证统一”，并把它作为“构建人文理性求实创新和谐的我国高职人的精神家园”的学术根基和价值基础。

（三）求实：知行合一和产教融合

求实，既是一种理念，也是一种作风。从理念看，我国著名教育家陶行知有“知行合一”之说，并且认为“知易行难”。从作风看，我国历来反对“空谈误国”，讲究“实干兴邦”。我国哲学著作《中庸》把“笃行之”放在“博学之、审问之、慎思之、明辨之”之后，强调“博学、审问、慎思、明辨”的最终目的要落实到“笃行”上。高职教育既是与国民经济联系最为紧密的一种教育类型，从事的更是把创新成果转化为现实生产力的最后一道工序，是大力弘扬现代“工匠精神”、力求“精益求精，追求卓越”和确保“高端制造，质量至上”的关键所在。这不仅关系到整个产品制造工作的成败，而且直接关系到能否完成“建设制造强国”的神圣使命。因此，我们应当树立“知行合一与产教融合辩证统一的”新求实观，这是“构建人文理性求实创新和谐的我国高职人的精神家园”的内在需要和关键所在。

（四）创新：自强不息和时代精神

创新是一个民族进步的灵魂和一所大学兴旺发达的内在动力。尤其是当今世界正处在大发展大变革大调整时期，世界多极化、经济全球化、信息网络化和人工智能化的深入发展，综合国力竞争和各种力量较量的日趋激烈，创新正在日益成为经济社会发展的主要驱动力，知识创新更成为国家竞争力的核心要素。在这种新的时代背景下，大学作为科学技术第一生产力和拔尖创新人才第一资源的重要结合点，在国家经济社会发展中具有不可替代的地位和作用。为了掌握国际竞争的主动权，我国应当顺应当今时代的发展潮流，发扬以改革创新为核心的时代精神，把充分发挥我国大学（其中包括高职院校）在深度开发人力资源和实现创新驱动发展中的重大作用，作为应对当今世界面临新的严峻挑战的战略选择。因此，我们应当树立“自强不息与时代精神辩证统一”的新创新观，这是“构建人文理性求实创新和谐的我国高职人的精神家园”的内在动力和时代呼唤。

（五）和谐：以人为本和实现和谐

“中庸之道”是我国古代哲学的精髓，其实质是一种“和谐哲学”。建立和谐社会是空想社会主义者傅立叶的一种良好愿望和美好理想，马克思主义的伟大功绩和中国特色社会主义的伟大实践是把社会主义从空想变为科学。习近平总书记在党的十八大闭幕后的记者会上强调“人民对美好生活的向往，就是我们的奋斗目标”，就是“坚持以人民为中心”的意思。习近平总书记在联合国教科文组织的演讲中强调“实现中国梦，是物质文明和精神文明比翼齐飞的发展过程”和“文明交流互鉴，是推动人类文明进步和世界和平发展的重要动力”，就是“实现和谐”的意思。在党的十九大上，习近平总书记更进一步提出把“坚持推进构建人类命运共同体”作为新时代中国特色社会主义思想的重要内涵。由此可见，“以人为本，实现和谐”既是人类社会发展应当追求的永恒目标，也是大学应当为之奋斗的崇高信仰。所以，我们应当树立“以人为本与实现和谐辩证统一的”新和谐观，这是“构建人文理性求实创新和谐的我国高职人的精神家园”的价值基石和战略目标。

我坚信，在习近平新时代中国特色社会主义思想指引下，经过持之以恒的顽强奋斗和不断创新，我国高职教育必将在全面提高文化育人和教育质量的基础上成功地进入“中高端”，并在21世纪中叶建设成为人文理性求实创新和谐的高职人的精神家园和进入世界前列，为实现中华民族伟大复兴的中国梦和构建人类命运共同体做出应有的重大贡献。未来必将是属于伟大的中国人民和当代中国高职人的。

谢谢大家！

正本清源，回归文化育人的本源

王义道

摘　要　教育是上一代人对于下一代人所实施的一种社会活动，使得人类几千年所积累的全部文化能够延续下来。而作为一个人，社会需要他的是德智体全面发展。学校的育人工作，需要将人生观、世界观和价值观渗透给学生，使其具备人文精神。这种精神熏陶需要贯彻在学生的思想品德教育中，更要渗透在专业职业培训中。

关键词　职业教育、文化育人、素质教育

作者简介

王义道，原北京大学常务副校长。

一、育人，就是“文化育人”

教育的目的在于培养人，使一个自然人成为社会人，使人类的生命得以继承发展、持续繁衍。所以教育就是“育人”。“育人”靠什么来“育”呢？就是靠“文化”。文化笼统地说，就是人类在生存和发展过程中所积聚下来的一切知识、能力、德行和信仰，及其所产生的所有物质和精神财富的总和。这里不计那些有害的、破坏性的、不利于人类繁衍发展的，因而被抛弃了的东西。费孝通先生以最简洁的四个字来概括“文化”概念：人为、为人。不过，他后来又附加了一句定语，“天人合一”。即是说，是在与自然和谐共处的条件下所产生的，有利于人的一切。

“文化”也可以说就是“人化”，即它是使人摆脱一般动物性而成为“人”的那些因素，以及他们所创造的一切为人所用的东西。《易经·贲》说，“观乎人文，以化成天下”。就是说，“文化”就是要以“文”“化”人，使人“像模像样”地做个“人”。这个“人”是大写的。

从这个意义上看，教育就是上一代人对于下一代人所实施的一种社会活动，其作用就在于将

人类几千年来所积累的全部文化传递给下一代人，使他们能得以继承、运用并加以扩展，使人类文化不断增长，达到真正文明（依笔者看来，目前人类尚未完全脱离“野蛮”状态，离开极致的“文明”相距尚远。这只要看一看每年有多少人遭受无辜杀戮就可以了解）的程度。对于每一个人，这种教育开始于“母教”（甚至包括“胎教”），然后是家庭教育、学校教育、社会教育，乃至终身教育。

由于人类活动非常繁杂，所积累、蕴含的文化含量过于庞大，一揽子的教育头绪太多，实际上做不过来。所以教育是分层次的由低到高逐层实施的，从学前教育、小学教育、中学教育，一直到高等教育，要根据人的成长规律，逐步施行不同程度的教育。同时，教育又是分门别类地进行的，要根据人的思想、行为和活动，分为道德品质、身心健康、知识能力等方面的教育；而人的工作又有职业、行业和岗位等的不同分工，对他们都有特殊的专门要求。因此，为使不同的人在不同的工作岗位上能顺利完成任务，教育又按学科或专业分成许多门类，出现了各种专业或职业教育的分野。这种分层和分工有时模糊了人们对教育的认识，以为只是某一类教育才算“教育”，其余不算，而且还将教育与文化割裂开来，好像可以存在脱离文化的教育。

实际上，不管属于哪种层次，哪个门类，哪种专业，它们都不过是“文化”的一个分支，一个门类。因此，不管是什么教育，都是文化教育，都是用文化来教育人。从本源上来说，教育就是文化育人。

二、为什么我们当前要强调文化育人

既然“文化育人”的观念十分清楚，为什么我们今天又要花大力气来强调“文化育人”这个命题呢？我们知道，长期以来我们将国家治理分成政治、经济、文化和国防等几大领域，以便于管理。教育属于文化领域是大家公认的，不过这是一种便于实施管理的“狭义”分类，并不严格和科学。20世纪末以来，由于我国一直强调“经济建设为中心”，各方面都要为经济建设服务，包括教育。“科教兴国”就是这样提出来的。经济又确实是办好各种事业的前提和保障，于是，不管从事什么领域，都将能否为经济建设服务，是否能取得最大经济效益作为自己工作业绩的主要标准，一时大学是发展经济的“动力源”的声浪一波高过一波。许多学校，尤其是一些大学的领导人，将学校是否给经济建设做了重大贡献，毕业生在经济界所取得的成就或人才市场上的表现作为衡量办学是否成功的一个重要标志。在这种情况下，教育的“市场化”也提上了日程，“文化”则一时被淹没了，甚至将“文化”只狭义地理解为国家“文化部门”所管的一些书刊出版、文艺影视、文物古迹、旅游娱乐等事项。

记得2011年时任总书记的胡锦涛在清华大学建校90周年庆祝大会上讲了要提高高等教育质量必须大力做好四项任务中提到要“推进文化传承创新”，于是有人就大肆宣扬，总书记给大学提出了“第四条职能”，似乎“推进文化传承创新”是总书记给大学的一个新任务，是过去从未有过的。由上所说可知，教育不是从一开始就规定了“传承创新文化”的职责了吗？那么，胡锦涛同志这个说法是否无的放矢，是多余或不必要的呢？其实他说的真是非常及时，十分必要，而且切中时弊。因为不少高校领导已经淡漠，甚至忘记自己做的就是文化工作了。他们沉浸在经济或政治等“利好”的业绩时，唯独丢掉了“文化”。他们真的是放弃了职守，胡锦涛同志是做了一次适时的提醒。

我们看到，这种情况在高等职业院校里也常有所表现，这是可以理解的，因为高等职业院校的存在就主要以服务于经济为前提。他们大都为各类企业培养实用技术人才，学生毕业后一般都直接到各类企业去从事生产或服务工作。他们追求的人才培养目标是“适销对路”，一进入企业就能“上手”“好用”。因此，他们更强调毕业生的服务态度与工作能力，他们的技艺是否专精熟练，能否做到“精益求精”，等等。这正是高等教育中狭隘的专业教育模式的表现。因此，从20世纪90年代开始，我国高等教育界曾轰轰烈烈地开展了大学生文化素质教育活动，它也得到了高职院校的广泛响应。一部分有见识的高职院校领导人认识到，即使是对于各种工作岗位上的实用技术人才，他们也都应该是有独立人格的人，要充分发挥他们的工作积极性、主动性，能承担有创造性的工作，他们也需要具备好的文化素养，懂得人生意义，具备正确的价值观和高度的社会责任心。他们除了要掌握各种专业和职业的实用技能之外，首先还得具备正确的做人态度。这样，许多高职院校也广泛开展了素质教育，尤其是文化素质教育工作，这确实是十分必要的。以深圳职业技术学院为首，成立了高职院校的文化素质教育指导委员会，活跃地开展着各项活动，并得到越来越多院校的响应与参与，不久前还组织了十几所学校正在编写关于文化育人的系列丛书，以充分反映各校在文化育人方面生动活泼的面貌、成绩和经验。

三、文化育人与职业教育交融

尽管已经取得了不少成绩，但我们看到，有的高职院校在文化育人工作方面还存在一些问题。在笔者看来，最主要的就是没有处理好文化育人与专业或职业教育的关系，做到相互交融。一些学校的领导人总是将文化育人与职业教育割裂开来，互不相关；认为文化素质教育虽然重要，但对职业或专业教育来说，它好像有点是外加的，甚至多少是一种额外的负担。这种认识，关键在于没有将教育看成是“以人为本”的育人事业，或多或少将培养人只看作是一种职业培训，乃至是“制器”，造就一种适用的“工具”而已。由于工程技术院校培养的人才将主要用于各类企业担负技术或管理工作，技能很重要，所以这种教育观念在中国高等教育界过去曾颇为流行，其积弊至今仍有影响。

这种影响在高职院校的实际工作中经常表现为，“文化育人”不是作为学校领导整体工作的核心内容，而只是由党委宣传或学生工作部门（或团委）来分头专管，学校教务部门很少参与。在这次编写高职院校文化育人丛书过程中，还曾出现过有的学校没有将专业教学或职业教育中的重要成果吸纳进书中的情况。这当然是相当片面的。

事实上，作为一个企业的技术或管理工作人员，尽管其本职工作只是产品生产或服务经营中十分有限的一部分，甚至可说是只起一颗螺丝钉的作用，但他的工作优劣与企业的最终业绩密切相关。作为一个社会人，他有知、情、意，有要发挥作用的主动性和积极性，他不能仅像机器那样完全被动地完成工艺操作。人都有人性与工具性的一面，但两者是统一的。要完成一项任务，做好一道实际工序，他不仅要具备精湛的工艺技术能力，还要怀着真诚的愿望、强烈的动力，有攻坚克难的意志；还要能与上下左右相关人员交流沟通、协调合作；另外，他还要有一个健康的身体。所以尽管在一个企业的整体运作中，他所起到的作用似乎和一颗螺丝钉相似，但作为一个人，却要求他是德智体全面发展，表现独立人格的人性与发挥其工具性是水乳交融地联系在一起的。

因此，学校的文化育人工作就应该体现在“立德树人”的全过程，将人生观、世界观和价值观教育、政治思想与品德教育、专业职业知识、技能教育，以及身心健康教育密切结合，就像化学作用那样融合为一体。在专业知识与技能的培训中，就应该使学生清晰地认识专业对国家、民族和人类生活的意义，激发学生学习、求知和工作的兴趣和动力，树立严格要求，一丝不苟，认真对待每一个数字、符号、标点的严谨态度和责任心，以及在实践中学会交流、沟通和诚信友善的协作精神和“精益求精”的工匠精神。这些都是人文因素。

当下正在转型中的新经济不仅强调应用新技术，而且还采取从“产业内分工”到“产品内分工”，“互联网 +”“物联网 +”和“智联网”等新模式和新业态，这里强调的是“融合”。也就是说要将经济上的各种资源合理配置，将不同优势通过分工协作最优化地整合起来，从而实现最大的经济效益。海尔提出的“人单合一”制度就要求各种工艺流程中的每一个人都对最终产品的质量负责，这就需要“融合”精神。目前高校正在推动的“新工科建设”，在我看来，其中核心要素也在“融合”二字。新工科要求不同学科专业与管理职能的人紧密配合、协同工作，这里涉及多方面的专业业务知识和技能，但要求所有人都具备交叉综合的多方面知识才能进行合作是不可能的。要强调在“融合”的基础上，通过彼此尊重，分工合作，各人发挥自己的专长，就能使整个机器有机地协调运作起来。这里，要求每人都具有较强的“融合”精神和能力，在此基础上最大限度地发挥其个人的特有的专业技能与特长。这也是一种“文化”，一种特殊的人文精神。其实，这种精神就是要求每个公民都践行社会主义核心价值观：爱国、敬业、诚信、友善。这种精神熏陶既要贯穿在学生思想品德教育中，更要渗透在专业职业的培训中。

四、在教育教学实践中贯彻文化育人

为了认真落实文化育人，笔者不揣冒昧，仅就高职院校中应该特别关注的几点，提出以下意见，供参考讨论。

一、首先是学校领导，特别是第一把手。要鲜明地确立文化育人指导思想，将它作为学校办学的核心思想统筹贯彻在全校工作中，而绝不能将文化育人与专业职业培训割裂开来，由不同部门来各司其职。在具体工作中，可以将文化育人分成几个方面，分头落实，但在指导思想上必须统一规划。要动员全校教师和各种岗位上的工作人员都明晰，“立德树人”就是“文化育人”，是学校的核心任务，虽然具体工作可以有所分工，但总体目标是共同一致，需要全员努力的。要造成一个全员育人的氛围，这对全校每一个人的思想行为都提出了很高的、严格的要求，是办学的崇高标准。

二、教学是学校工作的重心，也是实施教育的主渠道。在高职院校中，教学的主要内容当然是专业和职业中所需要的科学与工程技术及管理方面的知识与技能。但是，这些知识与技能都是要为人的需求与实用服务的，是“为人”的，要将“以人为本”作为培养人的出发点。因此，专业与职业教育的内容决非仅仅是“物质”的，而是充满了“人文”的意涵，如上节所述，这里所产生的产品与服务等还都蕴含着大量经济上的考虑，包括计算成本与收益、投入与产出、材料与工艺的代价等因素，这与纯科学（所谓“理”）有很大不同。纯科学是“只讲是非，不计利害”的，而经济必须计其利害关系。这里不仅涉及人与人的关系，而且还要考虑人与自然的关系，才能使生产与服务符合国家提倡的创新、协调、绿色、开放、共享的发展理念。因此职业教育的内涵不仅包含针对“成物”所需要的有关物质的性能、结构和制作的知识，而且包含着使物更好地为人所用的知识。这方面，我们欣喜地看到一些范例，如新疆农业职业技术学院能够在专业训练中密切联系民族特点，在推广农牧业先进技术的同时，通过“一帮一”的帮扶活动，做好民族团结工作，收到很大成效。这里充分体现了专业教师在文化育人中的全面作用。专业教师要将所有文化元素融入到专业教学中。还需要注意的是，我们也不能将属于“物”的专业教育内容排斥在文化育人之外，它们渗透了从事专业工作所需要的态度、意志和精神。这些心理素养的本身也是“文化”。我们提倡将“物”与“人”密切结合，融为一体，不能见物不见人。很多教师在教物的知识的同时，努力激发学生质疑和提出问题的能力，创新能力，追求“精益求精”的精神，并进行了大量职业道德的教育，就是十分值得称道的。因为这种熏陶只有在专业课程中进行才能收到实效。

三、通过专门开设的文化素质教育课程或通识教育课程向学生进行特定的文化育人工作。这种课程主要在于通过对哲学、历史、文学艺术、古今中外传统文化精品的解读，使学生领会真善美的真谛、人生的意义，从中进行“三观”教育，启发积极的人生与职业态度；同时也能适当扩展学生的视野和知识面，学到一些实用的工具知识，开拓自己做事的能力。顺德职业技术学院将中国传统文化中的墨子学说列为教学内容，将《墨经》中“厚乎德行，辩乎言谈，博乎道术”作为“校训”，以弘扬“工匠精神”，使中国传统文化精义与高职院校培养目标巧妙契合。由于高职院校课程多，实训多，这类课程只能要求少而精。所以特别要鼓励学生通过选读课程而学会自主学习，学会在结合工作实践中去选读合适的书刊来提升和完善自己。

四、注重利用第二课堂和教学计划内外的各种实践活动（第三课堂）。高职院校一般具有较多的实践教学环节，他们对于学生掌握各种技能与能力具有重要作用，“能力”只能通过学生的亲身实践才能得到体验与掌握。学生自己组织的各种课外社团或志愿者等社会实践活动对于他们的成长也十分有利。特别是在学会沟通、交流、协调、合作和组织能力上发挥着举足轻重的作用。学校要想方设法给学生提供这种活动的条件和舞台，使学生能表现特长，展示才华，得到切实的锻炼。

五、学校要营造高雅的文化环境，制订和执行严格的管理制度，要设置醒目的符号标识，如校训、校铭、学风、教风、校风、校标、箴言，举办令人印象深刻的典礼仪式，并通过名师和杰出校友的典范事迹来感染、熏陶、激励学生积极向上的风气，造成一个学校整体校园环境育人的壮丽风貌。合理的管理制度要严格执行，绝不能只作为摆设，知而不行。哪怕就是不能随地乱丢纸屑这样的普通规则，也需要谁破坏了，就会要受罚，而不能宽容，从而造成学校“文、雅、序、活”的风貌。在那里学生自己就会形成一个规范自己思想行为的氛围，从而大大提高文化育人的境界与水平。

以“学能广业，德可润身”为论点谈高职教育的文化育人

王 杰

摘 要 21世纪初的一段时期内，以就业为导向的教育思想甚嚣尘上，然而职业教育的政策导向始终是培养德技并修的人才。高职院校的文化育人实践更突显了人类教育的特点即文化性。职业教育应当坚定地面向市场、服务发展、促进就业，同时也要注重工学结合、知行合一、德技并修，弘扬工匠精神，造就高素质产业大军。

关键词 高职文化、德育、就业

“学能广业，德可润身”是中华传统文化的人才培养观，它对于当前的高职院校的文化育人有着启迪和指导性的现实意义。

一

“学能广业，德可润身”出自《文苑英华》一书。

《文苑英华》为宋代典籍。宋初，太平兴国年间是我国官修典籍最有成就的时期。《太平广记》已经完成，《太平御览》也接近定稿。宋太宗下令抽调两部书的编修人员重新编辑一部上继《文选》的总集，就是这部多达一千卷的《文苑英华》。

《文苑英华》中古代教育观、德育观的有关文章掮拾即是，可以说是古代人文思想集大成之作。在其判表类文章中有许多关于教育的判文，如“教击编钟判”“聚徒教授判”等等。其中杜兼遂的对词中写道：“学能广业，德可润身。”

“学能广业”总结了前人的教育经验，凝练地表达了学习的必要性。我们可以理解出这样几层意思：第一，经过了学习才能够就业；第二，学习内容丰富了，就业面才能够宽广；第三，学

作者简介

王杰，天津大学大学文化与校史研究所所长、教授。

习的内容应该是能够适应更多的职业，这是从学的角度讲。从教的角度告知我们：第一，教育要能够和就业相结合；第二，教育的内容不能够只盯着一种技术，而是要培养“广业”的能力；第三，施教者的教育质量标准可以用能否“广业”来衡量；第四，教育必须有长远的眼光，教育不能够只顾眼前技艺的传习，更应该考虑到能够适应社会变革的能力，乃至终身的生存能力的培养。当然，“学能广业”还能够理解为由于有大学问才能够有广大的事业。中国传统文化言简意赅，内涵却非常丰富。

“学能广业”对于我们高职院校更为重要，他是与中职院校的重要区别。很多职业技术院校提倡培养学生的“一技之长”，甚至提出口号“一招鲜，吃遍天”。高职院校提倡“一技之长”是远远不够的，应该提倡“一专多能”。今天，科学进步日新月异，互联网方兴未艾，人工智能异军突起，只学一技不能“广业”就存在着上岗即下岗、毕业即失业的危机。因此，“学能广业”不仅是教什么、怎么教的问题，更是我们办学的指导思想和教改的方向。培养出来的学生知识面宽、迁移能力强才能够具有与时俱进的后劲，才能够有能力“齐家治国平天下”，使“自身和人类得到美满的生活”。

“学能广业”告诉我们高职教育不是仅仅眼睛盯着就业、盯着现实的社会需求，更要从文化传承的视角关心学生的社会生存能力和持久发展，“将广大人民群众对于美好生活的向往”，作为高职教育的努力方向。与普通院校相比较，普通院校重在知识能力的传授，而职业院校重在生存能力的培养。

“德可润身”，高尚的品德可以滋养身心。这里要突出理解的是一个“润”字。“润”——浸润，一个逐步的、潜移默化的教育过程。这告诉我们德育不是一件立竿见影的事情，也不是一件制度管理的事情，而是一个建立在言传身教、潜移默化、逐渐形成自觉的过程。我们可以称之为“文化自觉”的过程。立德树人是一个渐进的过程，一个潜移默化的过程，更是一个用传统文化陶冶情操的过程。理解了“德可润身”，既理解了德的作用又明白了立德的方法。

“学能广业，德可润身”之间是紧密联系的，人无德无法立世，自然无法广业，要想广业必须德配其能、德配其位。“学”既要学“业”，也必须学“德”。可见“学能广业，德可润身”对于以职业教育为专业的院校尤为重要。

二

高职教育提出就业和德育始于 20 世纪 80 年代，那个时期高等职业院校作为大学发展到 20 世纪中期时产生的一种新类型出现在中国大地上，产生的本身就是为了适应社会主义事业发展和经济建设对于人才的需要。截止到2016年高职、高专学校共有1334所，其中公办学校有944所，民办学校有近400所。经过30年的发展高职教育已经成为我国高等教育固定、成熟的一种办学类型。从高职教育诞生至今，始终将就业为导向和德育为先作为教育的两个基本原则。这一点从高职教育有关的、重要的甚至具有里程碑意义的文件中都明晰可见。

1985年《中共中央关于教育体制改革的决定》是一个划时代的文件，文件指出：“社会主义现代化建设不但需要高级科学技术专家，而且迫切需要千百万受过良好职业技术教育的中初级技术人员、管理人员、技工和其他受过良好职业培训的城乡劳动者。没有这样一支劳动技术大军，先进的科学技术和先进的设备就不能成为现实的社会生产力。”文件确立了职业技术教育的地位，迎来了职业教育的春天。

文件明确，“职业技术教育问题已经强调多年，局面没有真正打开，重要原因在于长期以来对就业者的政治文化技术准备缺乏应有的要求”，必须“实行‘先培训，后就业’的原则”。明确强调了教育与就业的关系。

1991年，国务院做出了《关于大力发展职业技术教育的决定》，对于党的十一届三中全会以来，特别是《中共中央关于教育体制改革的决定》公布以来职业教育的发展情况做了总结。指出“我国的职业技术教育有了很大的发展，到1990年底，各类职业技术学校已发展到一万六千多所，在校生超过六百万人，同时全国建有就业培训中心二千一百余所，每年培训待业人员九十多万人；高中阶段各类职业技术学校和普通高中的招生数之比已接近一比一，中等教育结构单一的状况有了较大的改变”。同时指出“但是，目前我国的职业技术教育无论规模、规格和质量都还不能适应经济建设和社会发展的需要，在整个教育事业中仍然是很薄弱的环节。”问题之一是：职业技术教育的专业设置和专业结构有些方面与社会需要结合得不够紧密。“从国家的全局和民族的未来出发，进一步提高对职业技术教育战略地位和作用的认识，采取有力的措施，齐心协力地大力发展职业技术教育。”如何大力发展职业教育？“根据未来十年我国经济、社会发展的需要，在九十年代要逐步做到：使大多数新增劳动力基本上能够受到的最基本的职业技术训练，在一些专业性技术性要求较高的劳动岗位，就业者能较普遍地受到系统的严格的职业技术教育；初步建立起有中国特色的，从初级到高级、行业配套、结构合理、形式多样，又能与其他教育相互沟通、协调发展的职业技术教育体系的基本框架。”明确提出专业技术教育要“适应从业岗位需要”。

同时提出“各级各类职业技术学校要把德育放在首位”，并且罗列了德育的内容：坚持不懈地进行四项基本原则和国情教育，进行爱国主义、社会主义、集体主义及共产主义人生观等思想政治教育。要注意根据职业技术教育的特点，切实加强职业自豪感、职业道德和职业纪律的教育，坚持严格要求，反复实践，扎扎实实地提高学生的思想觉悟和纪律观念。

1996 年国家颁布了《职业教育法》，明确提出职业教育“是促进经济、社会发展和劳动就业的重要途径”，“职业教育必须贯彻国家教育方针，对受教育者进行思想政治教育和职业道德教育”。

2014 年，习近平总书记对职业教育工作做出重要批示，提出要让每个人都有人生出彩的机会。是年 6 月 23 日，第七次全国职业教育工作会议胜利召开，教育部等六部门联合印发了《现代职业教育体系建设规划（2014—2020 年）》，同时国务院印发了《关于加快发展现代职业教育的决定》更加明确提出职业教育“以立德树人为根本，以服务发展为宗旨，以促进就业为导向”，努力营造“崇尚一技之长、不唯学历凭能力”的社会氛围。

21 世纪初的一段时间里，以就业为导向的教育导向风行一时。

2017 年第十届全国职业院校技能大赛开幕式于 5 月 8 日在天津举行。中共中央政治局常委、国务院总理李克强对大赛做出重要批示，指出“提升职业教育水平是我国教育事业发展的重要内容。当前，我国经济正处于转型升级的关键时期，迫切需要培养大批技术技能人才。希望技能大赛贯彻新发展理念，充分发挥引领示范作用，推动职业教育进一步坚持面向市场、服务发展、促进就业的办学方向，坚持工学结合、知行合一、德技并修，坚持培育和弘扬工匠精神，努力造就源源不断的高素质产业大军，投身大众创业万众创新，为更好发挥我国人力人才资源优势、推动中国品牌走向世界、促进实体经济迈向中高端做出新的更大贡献！”

从以上内容可以了解到职业教育的国家政策导向始终是“面向市场、服务发展、促进就业”，培养“德技并修”的人才。由此可见国家对于职业技术教育的要求突出了他的实用性、服务性和工具性，强调了高职院校作为社会一种组织形态的功能性，重点在于强调这是学校作为办学主体的办学方向和功能。

从以上可以看出，国家以适应社会发展需求推动职业教育改革的出发点，还是“一切为了人”。对此职业教育专家这样看：

《就业导向下的高职学生能力评价探析》一文提出：“高职学生能力评价应从目前高职教育培养学生的实际出发，充分考虑‘就业导向’的重要内涵，以社会市场需求为准绳，实现学生能力的客观正确评价；同时应考虑高职学生的可持续性发展和个性化发展，达到对高职学生能力的‘真实性’全面评价。”

《浅述我国高等职业教育办学改革：历史寻迹与时代特征》一文对于近十年来高职教改是这样评价的：“改革重心由规模扩大变为内涵发展。坚持在工学结合人才培养模式、体现岗位工作过程的课程开发、融‘教、学、做’一体化的教学方法与手段等建设上下功夫。”“改革发展过程中逐渐顺应高等职业教育发展规律。高等职业院校通过多种不同的途径开展校企合作，进行‘订单式’培养、工学交替、顶岗实习、校企联办或开展项目合作等。在课程教学体系建设上，高等职业院校按照学生就业岗位的核心能力和关键能力，确定专业培养目标、构建课程体系，同时也使课程内容能较好地适应岗位工作任务的需要。”

专家们的研究成果很多，不可能一一概述，仅从上述观点可以看到有关高职教育的研究多以问题为导向，眼光主要关注高职教育与社会的关系和培养人才的社会适应性，无形中转移了高职教育的关注点。

高职教育的培养核心是人，文化育人的目的也是人，而不是市场、不是企业，不是被动地为了市场而培养人。美国麦肯锡全球研究院给出了“各职业在未来20年内被人工智能替代的概率”图表，中国学者用相同的方法研究了中国400多个职业，提出“从全国范围看，可能有70%的职业会受到人工智能的冲击”，“包括今年引发热议的就业替代问题”。面对“惊涛骇浪般的产业革命”，人才培养不能一味以就业为导向，必须“学能广业”。

对于高职教育主体的高职院校有比较清醒的认识：

浙江金融学院在《浙水流金》一书中提出“课程体系：遵循青年成长的内在逻辑；学习生活指导：铺就学生成长之路；心理健康教育：提升学生身心素养；职业生涯规划：指明学生发展方向”。教育教学提出“守正笃实：助推学子优质成长；重礼修德：引领学子文明进步；博闻明辨：力促学子人人成才”。

无锡职业技术学院在《匠心独运甲子生辉》一书中提出：“文化育人的课程内容建设。教学内容设计应当遵循五个原则：第一，教学内容应当包含科学的理想信念。第二，教学内容应当体现主流价值观。第三，教学内容应弘扬中华优秀传统文化。第四，教学内容应当为创新人才的培养提供批判思维训练。第五，教学内容应当帮助大学生拓展国际视野、树立世界眼光。”

通过三部分的比较，我们可以清楚地感到在“就业”和“德育”问题上，工作在教育第一线的高职院校，以国家要求为指导，和专家以问题为导向的倡导有所不同，更注意的是教育的对象——人，更注意的不仅是当下的社会适应，而是源远流长的文化传承。构建“厚基强技、全面发展”的人才培养体系和构建“崇德尚能，责承天下”

的大学育人文化是高职院校中的引领性方向。

三

高职院校的文化育人实践更突显了人类教育的特点——文化性。王冀生先生在《我的大学文化观》一书中明确指出："对于任何一种社会组织而言，他的存在总是与这种社会组织所承担的特定使命密切相关。正是这种社会组织具有某种强烈的使命感，才赋予这种社会组织特有的文化意义和价值系统。"王冀生先生在此强调的是"特定使命"，而不是任务或作用。"特定使命"正是从人类延续和文化传承的视角来理解高等教育。

我之所以选择"学能广业，德可润身"作为主题，讨论"就业"和"德育"问题，正是为了用高职教育的核心内容说明文化视角的问题，为用文化视角总结各高职院校教育文化和办学成果，拿出高水平的文化育人丛书起到些微薄的参考作用。

何谓"文化"，就这个问题的解读可以写出若干本书。"五四运动"带来了新文化的兴旺，"文化"一词引入中国，民国教育家、文化学者陈序经于20世纪40年代在大学里首开文化学课程，1947年出版《文化学概观》一书。书中详尽地介绍了"文化"一词的词根和来源，介绍了西方文化学研究者的学术观点，提出："我们以为文化现象的认识，是近代智识发展史上最值得我们注意的一件事。"对于文化的意义他谈道：文化是一个复杂的总体，有物质与精神的方面，也有变化与积累的历程。目的是"使人类得到美满的生活"。按照"现象的分类"教育应该属于文化学之中，是人类一种文化传承的活动，其目的亦是"使人类得到美满的生活"。那么高职教育是不是以这样的追求为目的呢？高职育人是为了使得被"育"之人"得到美满的生活"，还是仅仅为解决社会和经济发展对于人才的需求呢？又如何将学校教育与现实社会需要很好地结合呢？这正是高职教育文化应该解答的内容。

陈序经对于文化的解读不断得到后续学者的认可和充实。如钱穆在《中国文化史导论》一书中提出："什么叫'文化'，这两个字本来很难下一个清楚的定义。普通我们说文化，是指人类的生活。人类各方面各种样生活总括汇合起来，就叫它做文化。但此所谓各方面各种样的生活，并不专指一时性的平铺面而言，必将长时间的绵延性加进去。譬如一个人的生活，加进长时间的绵延，那就是生命。一国家一民族各方面各种样的生活，加进绵延不断的时间演进，历史演进，便成所谓'文化'。因此'文化'也就是此国家此民族的'生命'。如果一个国家民族没有了文化，那就等于没有了生命。因此凡所谓文化，必定有一段时间上的绵延精神。换言之，凡文化必有他的传统的历史意义。”这一段文字不仅给“文化”一词下了定义，更指出了他的价值——国家民族之生命，并且指出了文化存在空间维度之外的另一个重要维度——时间维度。借用于高职文化研究，我国的高职教育产生于20世纪80年代，至今不过30年，如果仅从30年的教育实践中总结其文化，是否生命太短暂，或曰文化底蕴太浅？

恩格斯说：“现代社会主义……和任何新的学说一样，它必须首先从已有的思想材料出发，虽然它的根源深藏在物质的经济的事实中。”这说明，现实的观念不仅是事实的存在，也是一种思想积累，这就是文化。因此，总结高职教育的文化特性不仅仅是总结30年来的办学实践，还应该反映出高职办学的文化之根和文化追求。王冀生先生有一句名言：“大学文化既是一种存在，更是一种信仰。”首先是一种存在，我理解这种存在包括现实存在和历史根基。这如同一个人，如果没有深厚的文化底色就会显得很肤浅。从历史长河来看，今天只是历史文化长河中的“现实流”。

深刻理解“学能广业，德可润身”，必须了解“就业”和“德育”的文化源流。

我国的现代职业技术教育起源于民国时期，是在学习西学的基础上建立的新的教育形式。但是我国的职业技术文化却源远流长，自原始社会出现分工，便出现了职业技术萌芽。氏族社会时期，种植业发展成农业，狩猎发展成畜牧业，社会分工更加明显，职业技术教育随之出现。《孟子·滕文公上》记载：“后稷教民稼穑，树艺五谷，五谷熟而民人育。”文中的“教”和“育”不是现在作为复合词的“教育”的意思，我们现在所使用的“教育”一词是在民国初期引进的外来词。在古代“教”和“育”分别代表两个意思，上行下效为“教”，“后稷教民稼穑”就是稷在亲自示范，人们跟着学习。“育”则是养育，供给温饱。因为人们学会了种庄稼，五谷熟了，人们得到了温饱。“树艺五谷”则是指种植五谷的技术。当时逐步有了蚕丝、石器、制陶、制玉等分工，技术教育内容逐步丰富。氏族都有图腾崇拜，祭祀诞生了“巫师”这个职业。早期的巫师具有观天文、察地理、记文字、懂医术的多种本领，可以称为部落中的高级知识分子。

到了夏商周时期，社会分工更加细致，出现了“工商食官”制度。西周时期已经形成了“业分而专，方可成治”的社会职业发展观，三教九流的“九流”业已出现。经过上千年的社会变革和演变到了春秋战国时期迎来了职业技术发展的高峰，一是战果林立，各国都需要发展促使职业分工发达；二是职业技术的繁荣带来了职业技术思想、文化的繁荣，出现了以墨子为代表的职业教育思想家。我们现在有些职业院校树墨子的雕像，作为职业技术教育的师祖。唐宋的社会繁荣也展现了职业技术教育的发达，一张《清明上河图》既反映了市井百态，也是一张形象化的职业表格。中国漫长的农业社会积累了丰富的、表现中国文化以及经验和智慧的职业技术教育思想。我所讲的“学能广业，德可润身”深刻反映了古代社会几千年来总结的教育智慧，是指导我们今天高职文化育人的宝贵财富。

“学能广业，德可润身”既是前人历史总结的生存智慧，又可以指导我们今天的教育实践，包含了丰富的高职教育文化的理论和实践内容。

第一，“学能广业，德可润身”提示我们高职教育的知识技能培养，不能只是基于眼前的学生就业，更不能以追求就业指标的高低为目的，教育必须本着对人的终身负责的目标。明白“学能广业，德可润身”是中华民族几千年积淀的生存智慧，他着眼于人的一生的生存，而不是一时的就业。高职院校对于人才培养方案的制定，要吸取传统文化的营养，着眼于人的入世、立世、存世。自古以来，社会在不断演进，今天随着科学技术的发展，岗位的更换更加频繁，教授一技之长只能够解决学生的眼前就业，必须将一技之长和长远发展、终身受益的教育结合起来，不仅授之以鱼，而且授之以渔，有广业的本领，润身的德行。

第二，“学能广业，德可润身”提示我们道德、行为的重要性。德育教育不能够只是写在书上、背在脑中、应付考试的知识要求，而是一种个人融于社会的生存本领。因此，不能够像普通高校那样在学校围墙内培养，更需要突出高职特点放到社会实习、实践中去培养，这样的人才适应社会环境，“成活率”高，根深叶壮，凸显高职教育的特色。用道德去滋养人，是一件着眼人一生的教育。

第三，“学能广业，德可润身”既然是着眼于人的终身，就涉及高职教育的改革问题。高职教育目前主要被限制于大专层次的教育，是高等教育体系中的一个层次，而不是高等教育的一个结构。三年时间要打下“学能广业，德可润身”的基础，局限了学校，也局限了学生。我认为“学能广业，德可润身”为文化育人目标，实现要打通高职院校专科培养的天花板，有条件和创造条件建立一批贯通本科，乃至研究生教育的院校，使得高职院校“立”起身来，创造出一种以技能、实践能力培养为特点的研究型人才，创新出一条面向“2025”、符合中国国情需要的人才培养的新路径。

总之，以“学能广业，德可润身”命题论述高职院校的文化育人，旨在为大家提供一个文化视角，提供一个运用中华智慧的视角开创高职教育的新未来。

习近平在党的十九大报告中三次提到中国智慧，强调实现中国梦“需要充分运用中华民族5000多年来积累的伟大智慧”。中国智慧就是中华民族在数千年延续中积累的崇高的生存理想、明智的生存战略、高超的生存策略，体现了“以民为本”“务实有用”的治国方略。同样，在实现中华民族强国梦的进程中，高职教育也要充分运用“中国智慧”“以民为本”，搞好使民受益的教育。

2018 年 8 月 27 日

参考文献

[1] 刘耀辉. 第十届全国职业院校技能大赛在津开幕 [N]. 天津日报，2017-5-8.

[2] 王冀生. 我的大学文化观 [M]. 天津：天津大学出版社，2014：217.

[3] 陈序经. 文化学概观 [M]. 长沙：岳麓书社，2010：27.

[4] 钱穆. 中国文化史导论 [M]. 北京：九州出版社，2011：219.

[5] 王冀生. 大学文化哲学 [M]. 广州：中山大学出版社，2012：1.

[6] (宋) 李昉. 文苑英华 [M]. 北京：中华书局，2011：2067.

[7] 社会主义从空想到科学的发展 [M] // 马克思恩格斯选集. 北京：人民出版社，1979 (3)：404.

[8] 葛洪根. 论中国智慧的基本特征 [N]. 学习时报，2017-11-8.

[9]《中共中央关于教育体制改革的决定》，1985.

[10]《关于大力发展职业技术教育的决定》，1991.

[11]《职业教育法》，1996.

[12]《现代职业教育体系建设规划 (2014-2020 年)》，2014.

[13]《关于加快发展现代职业教育的决定》，2014.

创新及其教育的文化意蕴

张祥云　綦　玲

摘　要　创新及其教育之本在文化，本立道生。中西文化各有其基因、进路及相应的创新特点与机制。“西学”以“理性文化”为主导，基于“个人主义”形成了“自由—理性—真理”结构，其创新机制主要是通过“纯思”“实验”和“脑力”等对象化方法，使“科学真理”得以“否定—重建”，其科技文化由此不断“线性递进”。“中学”以“心性文化”为主体，基于“关系主义”生发出“仁—诚—道”结构，其创新机制主要通过“情思”“体验”和“心力”等本体性功夫，使“人文道理”历时性地得以“肯定—重现”，文化传统由此不断“螺旋积淀”。当代中国的创新教育，面临古今中西、人文科技诸多观念逻辑不自洽的碎片化混乱境地。通则不痛，时代的使命是在全球化大格局中立足传统本根，自觉开放，转化融合，通向逻辑自洽的创新教育大系统。

关键词　人文创新、科技创新、创新教育

作者简介
张祥云，深圳大学高等教育研究所教授。
綦玲，深圳大学高等教育研究所研究生。

当今世界，知识社会，创新是其主要动力；中华复兴，创新已成国策。创新及其教育是一个系统，系统问题的解决之道须“循其本”，创新之本在文化。全球化时代，创新及其教育面临多元文化语境，中西比较已成关键主题。一般认为，西方文化具有创新天性，中国文化是否适合创新，则众说纷纭，其中认为压抑创新的观点颇有市场。其实这两种文化各有其自身的文化逻辑和与之相对应的创新特点、机制。本文立足教育，着眼创新，试图深入解读中西文化之创新问题，追求在转化和融合中兼收并蓄，逻辑自洽。所谓转化，即任何一种文化对于创新而言都是利弊并存的，故要善于转化，因势利导。所谓融合，

即任何一种文化要直接移植或嫁接到另一种文化之中都不容易适应，故须在全球化和多元文化大语境中，尤其在与西方文化的互动交融中，立足自身文化特质生发更加适合创新的文化—教育大系统。

一、本立而道生：创新之本是文化

如何理解创新，直接影响我们在实践上如何探索创新和进行创新教育。一方面，我们所理解的创新绝不仅限于科学真理的发现和技术的革新发明等“硬创新”，而且也包含了人文和艺术等层面的“软创新”，即创新必然落实为人本身的整体发展和进步。另一方面，我们既要就创新谈创新，又要不就创新谈创新，对创新的研究需要开放而系统。在系统中，处于深层次的是文化，文化是问题产生及其解决之本根。

（一）创新理解之整体观：个人—社会，显性—隐性

美国著名心理学家罗伯特·J. 斯腾伯格系统研究了创新的诸多影响因素，他总结为智力、知识、思维风格、人格、动机和社会文化环境六大点。[①] 这里既涉及个人层面，也涉及社会层面；既涉及智力、知识等显性因素，也涉及人格和文化环境等隐性因素。现实中，影响创新的各种因素表现复杂、多样、多层，它们相互勾连、浸染、盘错。为了更清晰地揭示其整体性并凸显其纵深度，我们以“个人—社会”为横轴，以“显性—隐性”为纵轴，将诸多复杂的因素划分为以下四个“象限”。（见图 1）个人方面有知识、方法和思维等能力因素，还有情绪、个性、价值观等态度因素；社会方面有利益、制度和机制等条件因素，还有习俗、传统和文化等深层因素。从可持续发展的长远战略高度看，诸因素的重要程度，按照制度条件—个人能力—个性态度—社会文化的内在秩序，逐步由第一象限深入到第四象限（见图 2）。

通常，我们更为注重显性层面而忽视隐性因素。个体创新绝不仅在于个人能力层面的聪明灵动，还取决于个性态度等非智力因素——我们的思想观念、心性功夫和人文底色，直接决定能力、智力会朝哪个方向，能走多远；社会关怀、自然关切为创新的意义定调；潜心笃志、诚心敬意，凝聚创新智慧的纯度和力度；人格特征、个性特点，决定课题开展和合作研究的持续性……可见，创新意味着一种生活方式、价值观念和人格特征的养成。个人能力和个性态度常属心理学分析视域，而“心理学就是一

① 〔美〕罗伯特·J. 斯腾伯格. 创意心理学［M］. 曾盼盼译. 北京：中国人民大学出版社，2009：2–8.

种文化，它们均以特定的方式建构出自己的世界观”①，个体创新的心理分析，即是文化分析。鱼不知水，我们往往难以意识到日益习俗化的文化之无形作用。另一方面，个体的创新心理特征也由文化所浸润。当创新人格得到环境的理解、宽容和鼓舞，个体的创新性心理结构就会不断成长和丰盈。因此，创新还意味着一种价值认同，一种习俗传统，一种文化氛围。总之，个体的创新活在文化中，文化使我们形成一种人格，形成集体无意识。文化润“物”细无声，不重视文化生态的营造，创新之“花”终将难以盛开，“累累硕果”的局面也就不可持续。

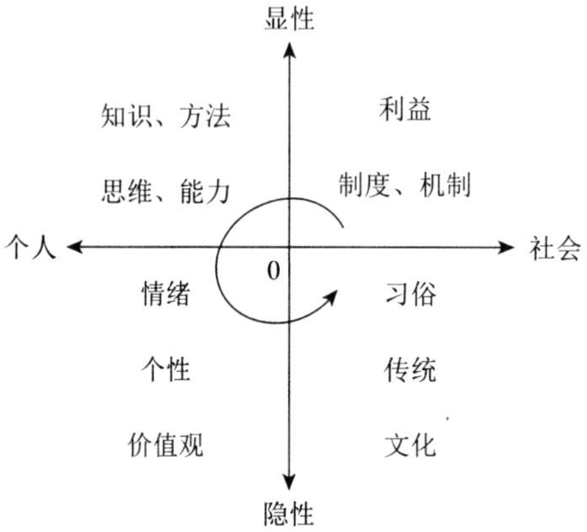

图 1 影响创新的各种因素

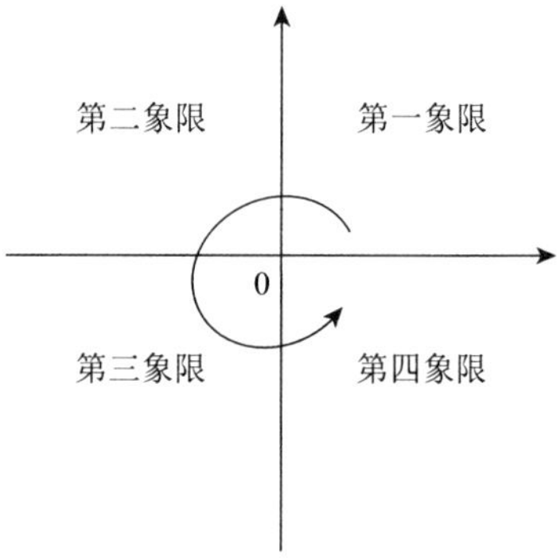

图 2 诸因素的重要性趋向

（二）创新驱动之三境界：利益—制度—文化

何以驱动创新，无非三种方式：利益、制度和文化。国家、社会和学校为了促进创新，利益驱动往往最立竿见影，却如一剂猛药，治急而难以持续。一旦项目、课题需要长期的艰辛付出，且结果难以预料，唯利是图者则将或避之不及，或讨价还价，利益驱动只能“浅层治表”。因此，创新驱动“必须扩展为创新机制所依托的社会制度变革与文化建设”②。制度需要根植于深厚的文化土壤，没有适合制度生长的文化，文化就将“变形”制度。播下去的是“龙种”，长出来的可能是“跳蚤”。忽视文化关照的制度驱动，往往“欲速则不达”，最多只能“中层治标”，深耕软性文化，才能符合长远战略。着力文化驱动，才能促使利益驱动和制度驱动形成内在的、持续的逻辑自洽动力，所以文化驱动才能“深层治本”。三种驱动方式分开说就是三种不同境界，唯

① 〔美〕罗杰·沃什，法兰西斯·方恩.超越自我之道：超个人心理学的大趋势［M］.胡因梦，易之新译.北京：中华工商联合出版社，2013：8.

② 尤西林.知识创新教育机制的当代转型——芬兰教育与中国通识教育的对话［J］.陕西师范大学学报（哲学社会科学版），2017（3）：5-17.

有文化驱动才能使创新将器物层面、制度层面和观念层面融为一体，构成理想的驱动系统。

二、中西文化逻辑及其创新特点比较

发源于农耕文明的中国文化和以海洋文明、游牧文明为主要类型的西方文化有其各自不同的基因、起点和逻辑。漫长的历史形成了各自强大的文化“惯性”，以至于克罗齐（Benedetto Croce）说到“一切历史都是当代史”①，他要揭示的正是文化在当代和未来发展与历史之间不可割裂的“路径依赖”，即便像日本那样曾一度推行“脱亚入欧”文化战略的国家，也无法割断其骨子里的东亚儒家文化“血脉”。钱穆先生曾说：“你不自信自己能做好一个中国人，难道你准自信自己能像样地做一个外国人？”② 这一直击人心的有关人与文化关系的震撼问句，启迪出这样一条文化理解思路：我们须立足自身文化本位，追本溯源、正本清源，揭示两种文化的问题之源、逻辑进路和创新机制，为全球化时代处理文化与创新的关系提供切实可靠的关键依据。

（一）“西学”③：自由—理性—真理

“西学”立足个人主义，如何以理性支撑个体成为自由之人，是其核心问题。个人主义、自由主义和理性主义，是古希腊以来西方理想人之设计的三根支柱；真理面前人人平等、法律面前人人平等和上帝面前人人平等，是其理想社会之设计的三大观念基石。成为自由独立的个体，需要理性作为支撑，理性向内形成爱智传统，向外探索科学真理。自由—理性—真理，乃“西学”创新之逻辑结构。因此把握“西学”创新，必须基于真理，着眼科学。“西学”逻辑及其创新命题，本根于求真的逻辑，科技的创新，理解到它的科技特性，我们再去对比“中学”之人文创新，才能够厘清二者之间差异和关系。

1. 个人主义——以自由彰显个性

“西学”对理想人之设计基于个人主义，与之相配套的整个社会体系，是使人成为

---

① 克罗齐（Benedetto Croce），“Ogni storia e la storia contemporanea”原载*Teoria e storia della storiografia*，第3–54页，Laterza，Roma–Bari，1976年。

② 钱穆．中国历史研究法［M］．北京：九州出版社，2012（6）：135.

③ 为行文简洁，故将中国传统文化和西方文化简写为“中学”和“西学”。考虑到空间上“西—中”对比的实质是时间上的“今—古”对比，先分析“西学”逻辑及其创新命题，然后我们再回过头去对比“中学”，既符合先今后古的分析顺序，又适合从熟悉到陌生（相对于“西学”，传统文化对于我们而言反而更为陌生）的认知心理。

独立的、自由的个人而生成的。如古希腊的思想传统、古罗马的政治法律制度和中世纪的基督教；这是其社会设计的三大来源，三者分别为西方理想社会的早期设计奠定了在真理、法律和上帝面前人人平等的三大基石。

古希腊时期，在已经具备民主社会雏形的城邦中，强调每一独立个体首先应该是自由的，没有自由即为奴隶。个人主义和自由主义是其文化天性，自由的个体必须具有理性能力。到了古罗马时期，日益完善的政治法律制度和日渐深入人心的法治精神为西方文明的发展提供了世俗生活的保障，以至于私有财产权和知识产权等最根本的个人权利在现代市场社会中逐步得到了法律的确立。而中世纪的基督教，为个人的精神生活确立了信仰。基督教信仰恰恰为古希腊的自由精神、理性精神和古罗马的法治精神之绵延提供了坚实的后盾。即使到了文艺复兴时期，“上帝趴下了”“人站起来了”，宗教依然担负着道德教化的重要责任，而从未退出历史舞台。如伏尔泰所言“即使没有上帝，也有必要捏造一个上帝”①，卢梭也强调要“把道德上的‘良心’等同于宗教上的‘上帝’”②，康德的《纯粹理性批判》从理论上赶走了上帝，却在《实践理性批判》中又为了道德之故请回了上帝。

求知崇尚高度理性和真理，世俗生活遵循法律规定，信仰生活诉诸上帝，自由、平等、求真，逐步成为西方人的精神秉性。诚如尤西林所论证的那样，“强势个体自由”是科技创新所需要的个性差异文化条件，西方逻辑自洽地形成了有利于科技创新的文化条件，而“这些现代化文明积累与现代性文化背景在中国尚无对应的成熟形态”③。如何在中国文化的观念系统、制度系统和操作系统中内在和谐地转化出自由的文化基因，是时代的文化使命。

2. 理性文化——以理性探索真理

每一个自由的个体如何生活和相处呢？亚里士多德提出“唯有理性的人才配享受自由”④，他说：“我们身上所存在的最优秀的品质……就是以理性为根据的生活，因为它才使人成为人。”⑤ 苏格拉底亦有“未经审视的人生不值得过”的经典判断。⑥ “人是理性的动物”，“西学”“强调的是个人对自己的理性组织，为了这个目的，就必须将人

① 周辅成. 西方伦理学名著选辑（下卷）[M]. 北京：商务印书馆，1987：143-144.

② 周辅成. 西方伦理学名著选辑（下卷）[M]. 北京：商务印书馆，1987：146-147.

③ 尤西林. 知识创新教育机制的当代转型——芬兰教育与中国通识教育的对话 [J]. 陕西师范大学学报（哲学社会科学版），2017（3）：5-17.

④ 吴国盛. 自由的科学 [M]. 福州：福建教育出版社，2002：15.

⑤ 苗力田. 亚里士多德全集（第七卷）[M]. 北京：中国人民大学出版社，1993：31.

⑥ 柏拉图. 游叙弗伦·苏格拉底的申辩·克力同. [M] 严群译. 北京：商务印书馆，2011：63.

情的因素相对地减弱。"[1] 具有西方精神源泉般影响的古希腊神话中，"铁面无私"的神王宙斯"不近人情"地推翻了父亲的不义统治，诸神之间不受人情约束。"真理大于情理"的理性至上精神直接塑造了西方人勇于探索真理的文化人格，成为西方科学进步技术创新的必杀器。

探索真理是科学活动的全部指归，科学精神源于人类在追求真理的过程中形成的理性思维与实证传统，竺可桢先生概括为：只问是非，不计利害[2]。这样一种超脱的理性精神对于创新的作用毋庸赘言。中华传统从人文视域也孕育了自身特有的理性精神：对己——"毋意，毋必，毋固，毋我"[3]，孔子在讨论问题时不主观，不武断，不固执，不唯我独尊；对人——"当仁不让于师"[4]，可谓是人文德性版本的"吾爱吾师，吾更爱真理"；对物——"物格而后知致"[5] 的理学精神；等等。如何融合"西学"之科学理性与"中学"之人文理性，是当今创新教育必须兼顾的。

3. 个人的自由权和爱智传统

人生而自由，这是西方理想个人设计的文化前提和传统，乃至 17、18 世纪以来自由被逐步确定为一种"天赋人权"。自由既是理想，也是权利。为了实现这一个人理想，为了个人合理地运用这一权利，人必须拥有理性智慧，唯有理性才使人成为创造者和立法者（为自然和人类立法），使人成为自觉、自主和自由的主体。这就意味着，自由权利必须得到自由能力的保障。早在古希腊柏拉图的《理想国》中，就把人归纳为三种："爱智者、爱胜者和爱利者"，他系统地推论出"爱智者"是"理想国"中最理想的个人，逻辑的，富有最高理性能力的"哲学王"确立为"理想国"国王。[6] 因为这样的人才能最明智地享用和使用自由权。古希腊的爱智传统，使他们势必钟情于科学这样一门"自由的学问"，因为科学具有自由的本性——它"自己为自己立法"。循着这样一个传统，"西学"形成了"为科学而科学，为艺术而艺术，为真理而真理"的自由探究精神，从而超越片面、狭隘的功利目的。现代西方大学精神承继了这一主要内核。"西学"的文化逻辑和科技创新的内在机制，由此形成。近代以来，怎样使"赛先生""德先生"扎根吾国、"安居乐业"呢？陈寅恪先生强调"独立之精神，自由之思想"的培养，可谓得"西学"之真谛也！然而，如何尊重"中学"传统，转化和融

---

① 〔美〕孙隆基 . 中国文化的深层结构［M］. 北京：中信出版社，2015（11）：172–175.

② 田正平 ."只问是非，不计利害"——从《竺可桢日记》看一位大学校长的精神境界［J］. 高等教育研究，2016（4）：80–86.

③ 论语［M］. 张燕婴译注 . 北京：中华书局，2007（3）：118.

④ 论语［M］. 张燕婴译注 . 北京：中华书局，2007（3）：246.

⑤ 大学中庸［M］. 王国轩译注 . 北京：中华书局，2016（1）：8.

⑥ 柏拉图 . 柏拉图全集（第 2 卷）［M］. 王晓朝译 . 北京：人民出版社，2003（2）：595.

合出此种文化，依然是一个时代命题。

（二）“中学”：仁—诚—道

“中学”的文化设计由关“心”而“关系”，人心之间、人与世界的关系是其“颠沛必于是，造次必于是”[①]的主要问题。以立心—立命、治国—平天下为己任的儒家思想主导着正统。儒家思想的核心范畴着眼人伦，以仁义为第一关系原则。“仁者，人也”[②]强调君子必须要有仁德（仁），“仁，人心也”[③]强调的是君子要有诚敬之心（诚），君子以诚意正心传承经典、学习圣人，知行合一、修行得道（道）；仁—诚—道“中学”之逻辑结构。因此，理解和把握“中学”之创新特点，必须基于“人文”，着眼“传承”。“中学”逻辑及其创新命题，本根于人文的逻辑，人文的创新。我们须把握其人文特性，方能更好地探索、解决当代社会之整体创新——即人文创新与科技创新问题。解决之道不是简单“取舍”，而是“转化”“融合”。

1. 关系主义——以仁德重塑君子

对“仁”字的把握是理解“中学”之关系文化的一把钥匙。“仁”乃人字旁一个二，“必须用‘二人’去定义‘一人’才符合天理”[④]。传统时代的人际关系原则主要体现为“君臣、父子、夫妇、兄弟、朋友”五伦观念，到了现代社会，扩大为社群与集体关系。如果说“西学”是由自我去定义外铄的关系与角色，那么“中学”则是由各种关系与角色来定义自我。在“中学”传统中，一个不受人伦与集体关系定义的个人常被认为是“不仁的”——太有个性、不合群、特立独行、我行我素、一意孤行、自由主义、个人主义等词往往都是负面标签。从这个意义上说，“中学”传统看似难育个性，而个性却是创新人格的重要方面。如何从“中学”里转化出利于个性培养的文化要素，是创新教育的文化命题。

心理学家朱滢的实证研究认为：“东方亚洲文化培育了互依型的自我（interdependent self），而西方文化培育了独立型的自我（independent self）。”[⑤]此研究表明，文化意义上的中国人，独立型自我先天缺位。在面对这一劣势时，人们的惯性思维往往是倾向于“引进”西方的个人主义文化设计来培养“独立型自我”，这势必在根本上与“中学”传统发生不可调和的冲突，水土不服。我们主张在文化上，要“因地制宜”地从一般

① 论语［M］. 张燕婴译注 . 北京：中华书局，2007（3）：42
② 大学中庸［M］. 王国轩译注 . 北京：中华书局，2016（1）：105.
③ 孟子［M］. 方勇译注 . 北京：中华书局，2015（2）：226.
④ 〔美〕孙隆基 . 中国文化的深层结构［M］. 北京：中信出版社，2015（11）：58.
⑤ 朱滢 . 文化与自我［M］. 北京：北京师范大学出版社，2007：83–86.

意义上的“互依型自我”中提升出“大其心”的自我境界——心中有他人，胸中有担当的“大我”。朱滢先生比较了他所确定的两种自我的行为动机差异，他指出，“拥有独立型自我的个体在拥有自主权时内在动机最高，任务完成得最好。而拥有依赖型自我的东亚人却不尽然，关系取向使他们对于他人做出选择的情景下也表现出较高的动机”。例如由“权威人士、领导者、父母”等为其做出选择时，“表现出最高的内在动机，任务也完成得最好”①。这项研究从另外一个视角提示我们，如果我们的教育系统地从君子文化、德性文化去培养人，将“君君，臣臣，父父，子子”②的传统伦理转化为相互尊重、理解包容、各司其职、共谋事功的现代人际关系，那么就能将“小我”意义上的“互倚型自我”上升为君子意义上的“大我”。

只要构成一种关系，关系主导方就会决定关系的性质和发展方向。在“中学”关系文化传统中要推进创新，我们必须首先强调“权威人士、领导、父母、带头人”等君子品质的重要性。唯有当社会关系或具体人际关系中处于主导地位的一方具备君子德性，他懂得爱护、包容、提携处于被主导的一方，创新生态才能形成。如果处于主导地位的主体不担当、不引领，创新生态就会恶化。创新的文化氛围一旦破坏，大型课题、集体项目的团队合作就难以顺利开展。关系主导方缺乏君子品质就会严重压制创新。君子往往以德服人，能够激发团队成员的积极性，甚至会激起“士为知己者死”的情怀，这对创新会产生难以估量的巨大力量。总之，关系主导方如果具有君子品质，在中国文化背景中也能产生独特的创新优势。

2. 心性文化——以诚敬修行得道

与“西学”讲人是理性的动物不同，“中学”将人设计为一个以“心”为主导的动物③。正如钱穆先生所说：“东方人尚心，西方人尚物”，“中国历史，乃一部人心的历史。中国人认为物后必有人，人与人交必以心”。④“中学”之核心“仁”，实际上是落实为“心”。所谓“仁，人心也”⑤，从某种意义上来说，“人际”关系就是“心际”关系，一句“仁者无敌”⑥道尽了中国心性文化的奥秘。政治上，历代统治者深谙“得人心者得天下”之道，尧舜禹王位禅让的“十六字心传”——“人心惟危，道心惟微，惟精惟一，允执厥中”⑦，就开启了源远流长的心性文化。在哲学上，“心”甚至被当作

① 朱滢．文化与自我［M］．北京：北京师范大学出版社，2007：88–90.
② 论语［M］．张燕婴译注．北京：中华书局，2007（3）：177.
③〔美〕孙隆基．中国文化的深层结构［M］．北京：中信出版社，2015（11）：35.
④ 钱穆．晚学盲言（上）［M］．北京：生活·读书·新知三联书店，2016（11）：108–110.
⑤ 孟子［M］．方勇译注．北京：中华书局，2015（2）：226.
⑥ 孟子［M］．方勇译注．北京：中华书局，2015（2）：8.
⑦ 尚书译注［M］．李民，王健撰．上海：上海古籍出版社，2004（7）：32.

宇宙的本体，所谓“吾心即宇宙，宇宙即吾心”①，……绵延数千年的心性文化成为“中学”传统的主体。所以诚意正心、修身养性，就成了传统中重要的“养成”内容。

心性文化势必首先重视人的德性，在“立德、立功、立言”三不朽的圣人标准中，“立德”居于首位，重于其余。所以中国传统常常“重视人之德性，更过于其人之事业”②。这种内在德性重于外在事功的文化设定，稍有偏废就容易导致中国人重“道”轻“术”。心性文化重视内在“志”“气”的养成，所谓“养浩然之气”③；所谓“志不立，天下无可成之事”④；所谓“知止而后有定，定而后能静，静而后能安，安而后能虑，虑而后能得”⑤；所谓“士不可以不弘毅，任重而道远”⑥。这种“志在必得”的精神是创新不竭的动力。心性文化强调“诚敬”之心的涵蕴。在《大学》八条目“格物致知诚意正心修身齐家治国平天下”⑦中，“诚”具有核心的本体论和方法论地位。所谓“先天之学主乎诚，至诚可以神通明，不诚则不可以得道”⑧；所谓“诚者，天之道；敬者，人事之本，敬则诚”⑨；所谓“至诚如神”⑩“不诚无物”⑪；所谓“敬是圣学一字诀”⑫……“诚敬”是心性养成的本体功夫，“由诚而成”⑬，“诚敬”是激发和凝聚智慧的人文原理。

3. 关系的主导方和君子品质

容易重关系和谐而轻个人独立的关系文化，容易重内在德性而轻外在事功的心性文化，如若没有人之“仁心”的践行和坚守，关系势必失衡，抑制做事创业。德性之“仁”，是对每一个人的要求，人人都要“求仁”才能“得仁”。然而，在关系互动中，关系主导方起着关键作用。所以我们必须首先强调和重视养成关系主导方的君子品质，这样才能引领关系各方走向积极“和谐”，形成良好的心性生态，使人能够把更多精力集中到干事创业上。

作为中华文化原型的远古传说，列居“二十四孝”之首的虞舜的案例值得分析。舜生活在“父顽、母嚣、弟傲”的家庭环境里，因才干过人、威望日盛，引起家人嫉

① （宋）陆九渊.陆九渊集.［M］钟哲点校.北京：中华书局，1980（1）：273.
② 钱穆.晚学盲言（上）［M］.北京：生活·读书·新知三联书店，2016（11）：30.
③ 孟子［M］.方勇译注.北京：中华书局，2015（2）：49.
④ 王守仁.王阳明集［M］王晓昕，赵平略点校.北京：中华书局.2016（3）：828.
⑤ 大学中庸［M］.王国轩译注.北京：中华书局，2016（1）：6.
⑥ 论语［M］.张燕婴译注.北京：中华书局，2007（3）：109.
⑦ 大学中庸［M］.王国轩译注.北京：中华书局，2016（1）：7.
⑧ （北宋）邵雍.邵雍集［M］郭彧整理.北京：中华书局，2010（1）：171.
⑨ 程颢，程颐.二程集［M］.北京：中华书局，1981：127.
⑩ 大学中庸［M］.王国轩译注.北京：中华书局，2016（1）：120.
⑪ 大学中庸［M］.王国轩译注.北京：中华书局，2016（1）：122.
⑫ （明）吕坤.吕坤全集［M］.王国轩，王秀梅整理.北京：中华书局，2008（5）：660.
⑬ 蔡洁钒.以“诚”为体 贯通物我——人文教育本体功夫论［D］.深圳大学.

恨。舜明知父亲、继母和弟弟几次三番设计谋害自己，依然践行孝举，甘冒性命危险（杀身、舍生）也要与家人处理好关系（成仁、取义）。“其孝感如此。帝尧闻之，……遂以天下让焉。”[①] 舜为王之后依然一如既往，孝顺父母，友爱兄弟。

从这个故事可以看出：第一，“中学”传统首先看重人之德性，君子之德往往要在“人中磨”和“事上磨”[②] 中得到升华，彰显人格魅力，赢得广泛认可。德性唯有成为信仰，践行者才能坚定不移。如果德性仅是一人之信仰，践行者最多成为孤单的殉道者，而无力于外在事功。因此这种文化设计，特别需要通过教育去培养更多的君子。第二，如果教育不注重培养人的君子品质，人们将无法避免人和人之间沉重复杂的关系博弈，大部分精力都将陪葬在与小人的内耗之中，从而无暇于事业创新。第三，我们要特别警醒的是，这一文化原型容易启示小人全力钻营所谓“做人的学问”——只顾做“人”不顾做事，而走向厚黑学、酱缸文化等邪门歪道，污染社会风气。

总之，在以“仁德”为核心的“中学”文化设计中，如果教育与之匹配培养君子，那么创新生态就易进入良性循环。否则，整个社会小人当道，创新生态必将陷入恶性循环中。教育倘若不重视君子德性的培养，以儒家文化为主体的中华优良传统就将无所依托。

三、人文科技差异及其创新机制比较

不同的文化有不同的学习模式和创新机制。心理学领域已有学者关注到东西方两种文化影响下的学习方式差别，李瑾在大量实证研究的基础上，提出“Western mind model”和“East Asian virtue model”两个概念[③]。其中“virtue 取向”重“学习态度”，“mind 取向”重“学习能力”，这与我们前文所分析的中西文化之“行道”与“求真”差异基本一致。该学者通过调查比较“美国及华人成人认为的与学习最具相关性的前 20 个词汇”的差异（见表 1），这为我们比较中西创新机制提供了切实可鉴的实证基础。

① 详见二十四孝之“孝感动天”。原文：虞舜，瞽叟之子，性至孝。父顽母嚣，弟象傲。舜耕于历山，有象为之耕，有鸟为之耘。其孝感如此，帝尧闻之，事以九男，妻以二女，遂以天下让焉。系诗颂之，诗曰队队耕春象，纷纷耘草禽。嗣尧登帝位，孝感动天下。

② 王守仁．王阳明集［M］王晓昕，赵平略点校．北京：中华书局 .2016（3）：83.

③ Li，Jin. Cultural foundations of learning：East and West［M］. Cambridge UniversityPress，2012.

表 1 由美国及华人成人评选出来和学习最具相关性的前 20 个词汇[①]

英文语汇（中译）	中文语汇
1. Study（研读）	活到老，学到老
2. Thinking（思考）	博览群书
3. Teaching（教学）	刻苦学习
4. School（学校）	看书
5. Education（教育）	勤奋（学习）
6. Reading（阅读）	博学多才
7. Teacher（老师）	读书
8. Books（书）	发奋读书
9. Critical thinking（批判性思考）	如饥似渴地学习
10. Brain（大脑）	学无止境
11. Discovery（发现）	专心学习
12. Understand（理解）	好学
13. Information（信息）	苦心攻读
14. Knowledge（知识）	求知
15. Motivation（动机）	读书人明理
16. Library（图书馆）	留学
17. Students（学生）	勤勉自学
18. Learn by doing（做中学）	学而不思则罔，思而不学则殆
19. Applying ideas（运用所知）	学然后知不足
20. Communication（交流）	书山有路勤为径，学海无涯苦作舟

结合此项实证研究，联系前文“中西文化逻辑及其创新特点比较”的分析，我们进一步提出：在西方以个人自由为特点的理性文化中，创新主要通过“纯思—实验—脑力”等“对象化方法”使得“科学真理”得以“否定、重建——线性递进”；在中国以关系和谐为特点的心性文化中，创新主要通过“情思—体验—心力”等“本体性功夫”使得“人文道理”得以“肯定、重现——螺旋积淀”。

① 李瑾．文化溯源：东方与西方的学习理念［M］．上海：华东师范大学出版社，2015（5）：70–71.

（一）科学求真与人文行道

1. 科学真理与人文道理[①]

真理、规律皆为天定，不论人是否已经知道，它都在那里，人要做的就是从未知中去发现它，而不是自己去发明创造（make）一个真理出来，只不过是人去揭示（discover）一个原来就存在着的本质、规律。而人文世界范畴的一切“理”则必须通过主体活动去体现、呈现和实现，不存在一个脱离主体活动的先天不变之理。也就是说，脱离“道”（作为动名词而理解）的“理”（作为纯粹名词来理解），只是纸上谈兵、坐而论道，最终都不成其为“道理”。对于人而言，存在就是做事，to be is to do[②]，也就是古代哲人所言，“心无本体，功夫所至，即是本体”[③]。本体即功夫，功夫即本体，本体与功夫不能分离，而要合二为一。

因此，科学发现表现为“求真”，以主客二分、知行分离的方式去探索自然、人和社会的本质和规律，不断求得新知识；人文创新表现为“行道”，以主客相融、知行合一的态度去立志践行、道成肉身，以达到新境界。科学讲“真理”，人文讲“道理”。对于“科学真理”而言，如何把知和行结合起来，一般的解决办法就是把基础原理通过技术转为具体应用，知行之间的分割有技术桥梁来连接，技术即中介。科学发现是技术创新的前提，随着科学和技术的互动关系日益紧密，时代用“科技创新”一词来表达它们不可分割的依存关系。对于“人文道理”而言，原理、“技术”和“应用”之间难以分割，三者集于主体一身，主体即中介。知道、行道、体道、成道，都由主体去实现。我们的日常汉语早已隐含着这一人文奥秘。说“你不行”就等于说你无知无能，说一个人“不行了”往往是说他“快死了”，“不行了”意味着作为主体的人消失了。我们讲“做人”，表明人是做出来的。如果说“to be or not to be”是“西学”最经典的哲学命题，那么“to do or not to do”就是“中学”最基本的思想命题。“行不行”，在“中学”传统中有着极为重要的意蕴，人文道理天然承载着知行合一的命运。

科学真理具有放之四海皆准的客观普遍性，少数精英的智力劳动可以替代多数大众，而且，还可以仅凭少数精英将原理创造性地实现为可复制的“傻瓜化”技术，而代替大众的智力劳动。人文道理则永远无法实现简化和傻瓜化，它无可替代、不可复制，必须每一个人去知道、行道、体道、成道。人文创新即每个人走出来的新路、达

---

① 张祥云，蔡洁钒．搞教育要遵从“人文道理”［M］//刘洪一．文化育人（第4辑）．北京：商务印书馆，2015：57-64.

② 赵汀阳．一个或所有问题［J］．社会科学战线，1997（1）：70-78.

③ 黄宗羲．明儒学案［M］．北京：中华书局，1985（10）：9.

到的新境界，向内表现为自我成长、自我超越，向外表现为精神辐射、影响他人。从这个意义上而言，科技创新可以交给精英来完成，但人文创新则必须大众去实现。人文创新有着比科技创新更为深层的“主体性”本源，所以人文道理和人文创新更加依赖于教育的普及。

2. 否定—重建与肯定—重现

在科学发现中，人们虽然也要站在巨人的肩膀上，“继承”前人探索的已有知识基础，但每一次基础原理的新发现都表现为对已知的“否定”，甚至导致一系列的范式革命而“重建”科学新秩序，如“地心说”到“日心说”到“宇宙论”，牛顿经典物理学到爱因斯坦相对论到后来的量子力学。科学无终极真理，只有相对真理，所以科学在不断“否定”旧知中“重建”新知。在技术创新中，一旦最前沿的技术得以发明“重建”，旧技术便立即过时，遭遇摒弃和“否定”。可见科技创新的基本模式是“否定—重建”，因此在科技创新教育中要特别注重怀疑精神的培养。

人文创新要遵循人文道理的特性。自古以来，每一个人都要不可替代地重复经历着喜怒哀乐、爱恨情仇、成败得失、生老病死等人类的永恒问题，每一个人都要从无知的婴儿起步，成长为成熟的大人。对待人类这些永恒问题，历朝历代的圣贤大哲都有精深地探索和实践，并以经典的方式竖起一座座人文高峰。后人需要以诚敬之心学习人文榜样，体验和践行。中国传统人文传承和创新以所谓“我注六经，六经注我”[①]的方式建构起每一代人中的每个人“人与经典”的持续良性互动，最终形成圣人系统、经典系统和蒙学系统“三足鼎立”，使得“中学”传统得以世世代代延绵不中断。这正是人文创新机制得以形成的中华智慧。人文创新不断地在“肯定”的基础上，得以“重现”经典中的至高境界，因此人文创新的基本模式是“肯定—重现”。这种“肯定—重现”机制是在结合时代特点和新问题的基础上的“返本开新”[②]，绝不是简单复制。实际上，经典绝不是一个人成就的经典，而是无数代人历时性的智慧凝结。传承和创新不可分割，绵延中涵有传承，摄取创新。所以在人文创新教育中我们要特别注重诚敬态度的养成。

3. 线性递进与螺旋积淀

科技创新表现为对科学真理和技术的否定—重建，人文创新表现为对人文道理和经典的肯定—重现。二者的发展和进步方式可以用两对隐喻来表达其差异。一是西方文化图腾“十字架”和中华文化图腾“太极图”，二是“发射火箭”和“滚雪球”。科

① （宋）陆九渊．陆九渊集．[M] 钟哲点校．北京：中华书局，1980（1）：273.

② 陈丹琳．返本开新转识成智——基于中国传统智慧的大学人文经典教育研究 [D]．深圳：深圳大学，2016.

技创新类似于“十字架”，表现为不断地向外延伸、拓展，遵循的是科学真理、技术换代的“线性递进”逻辑。人文创新像八卦太极图，表现为不断螺旋上升和循环积淀。科技创新像是发射火箭，火箭在发射之后，总是要一节又一节不断前进，在前进中逐步摒弃多余的“累赘”，从而实现自身最前沿的部分更快速地腾飞；而人文创新像是“滚雪球”，雪球越滚越大，是时间和空间的智慧积淀。人文创新既是新旧之“新”，更是兴衰之“兴”，传承时“断”，传播时“歪”，因而常常“由兴变衰”，出现退转，但科技几乎不会倒退。科技创新人才往往是“长江后浪推前浪”，而人文大师们常常历久弥新，“越老越吃香”。

（二）对象化方法与本体性功夫①

科学真理的探究主要以外在物质实体为对象，采取主客二分的“认识论”立场，指向对象化方法；人文道理的求索，以内在心性涵养为本体，遵循知行合一的“功夫论”态度，适合本体性功夫。认识与功夫有所不同，认识以“脑”为主导，注重“纯思”“实验”和“脑力”；功夫以“心”为主导，注重“情思”“体验”和“心力”。如果以“科技—人文”为 x 轴，以“对象化方法—本体性功夫”为 y 轴，构成坐标系，科技与人文创新的方法论体系可构成四大类，即科技的对象化方法和本体性功夫，人文的本体性功夫和对象化方法。其中，科技创新侧重对象化方法，本体性功夫辅之；人文创新教育侧重本体性功夫，对象化方法辅之。

1. 纯思与情思

追求科学真理必须遵循价值无涉的客观原则，排除任何主观情感的干扰才能够获得放之四海而皆准的抽象普遍性以实现求真，所以必须“纯思”。由科学的基本原理转化为具体应用的技术创新，要体现以人为本，因而还需要本体性功夫辅之。人文创新必须遵循人文道理“主客相融”“非对象化”的特性，避免陷入“主客二分”“目中无人”的误区，故唯有超越“纯思”走向“情思”，明确价值立场，才能够获得“人同此心，心同此理”② 的具体贯通性以实现“求通”。蒙培元先生说：“中国思想不是‘本质先于存在’，也不是‘存在先于本质’，而是‘本质即存在’”。③ 我们强调的“情思”正是继承了这一中国传统人文智慧。

① 张祥云，刘献君．人文教育：超越对象化回归本体性［J］．高等教育研究，2014（12）：53.

②（宋）陆九渊．陆九渊集［M］．钟哲点校．北京：中华书局，1980（01）：399.

③ 蒙培元．中国哲学的方法论问题［J］．哲学动态，2003（10）：3–8.

2. 实验与体验①

从根本上说，科学发现、技术创新必须建立在实验基础上，而人文创新一定要来自历史、社会和现实人生的实践和体验。科技实验必须体现可还原性、可验证性、可重复性，科技成果一旦被实验证明就可推广应用，免除对普罗大众精力和智力的重复挑战；而人文成果的产生源于体验，人文成果的推广应用同样不可替代地基于每一个人的体验。人文大师的思想和理论要在社会中得到广泛的实现，依然需要每一个人自身的精神劳动去消化吸收走向认同。人文创新中若只有说法，而没有实践，就相当于科技创新只有推理，没有实验。所以人文创新不能满足于抽象理论的建构和纯粹的逻辑推理，停留于文字符号形态，必须走向知行合一，在"事上磨"中不断体验，在人的主观世界中得以内化。体验是人文创新的基本途径，体验是人文世界的存在方式，人文创新特别强调诚敬、专注、参与、理解、反思等本体性功夫。

3. 脑力与心力②

熊十力先生曾在一次学术对话中质疑冯友兰先生："你怎么把'良知'讲成假设，怎么可以当作一个假设来讲呢？"冯先生就反问："那你说该怎么讲呢？"熊先生说："良知不是假设，是呈现。"③这里很典型地彰显了人文和科技两种不同的思想路径。冯先生受"西学"惯性影响，注重"脑力"的认识论证明，强调其在逻辑的认识论上是否站得住脚，而熊先生则坚持还原"中学"传统，回归人文本性，注重"心力"的功夫论体悟，强调个体自身对人文范畴的切己验证和收获。可见，人文创新之"新"必须实现为"心"，心不是外在实体，而是内在本体，不是预设而是生长。"心力"就是在"事上磨"的过程中所成就的一种智慧和境界，不仅是逻辑，而且是悟性，不仅是理性，而且是灵性。人文创新必须超越脑力，回归心力。后来，冯友兰先生在进一步研究中国哲学史的基础上指出"概念即境界"，应该说是得了人文之奥妙。

四、通则不痛：通向逻辑自洽的创新教育大系统

前文围绕创新比较了中西文化、人文科技的不同特点，意在全球化背景下整合古今中西、科技人文，坚守价值引领，形成创新文化，开展创新教育。然而，在文化碰

---

① 张祥云，陈莉．人文教育"体验"论［J］．大学教育科学，2012（3）：3-12.

② 巫国云．人文教育：回归"心力"养成［D］．深圳大学．2014.

③ 韦政通．我治中国思想史的经验——在华中师范大学中国近代史研究所的讲演［J］．华中师范大学学报（人文社会科学版），2006（4）：100-106.

撞和交汇中，我们依然处于充满碎片化、矛盾性的文化紊乱境地。时代召唤我们要立足传统本根，创新与守护协调，科技与人文并重，会通中西以求超胜，形成逻辑自洽的、合乎生态要求的创新教育文化大系统。

（一）创新教育面临紊乱的文化系统

诸多文化矛盾紊乱的情况之间盘根错节、异常复杂，为了更清晰地认识混乱的现状，我们试图从中西文化各自内部的碎片化、到中西文化相互交错的不兼容、再到人文科技整体失衡三大层面进行梳理。

1. 只要自由不讲理性，想做君子却无诚心。

"西学"强调人生而自由，"中学"儒家强调"仁者人也"，在各自文化的内部设计中，自由和仁具有观念的先决性而被不劳而授。但它们绝非不劳而享，故西哲曰"唯有有理性的人才配享受自由"[①]，孔子云"克己复礼为仁"[②]。可见，自由是一种个人权利，也是一种理性能力，没有足够的理性能力，就罔论自由权利；仁是一种人格理想，需要后天教育的培养，君子由诚而仁，没有诚意正心，势必沦为伪君子。然而我们的当下现实，许多人却立足个人私欲只要自由不讲理性：孩子要无条件的自由、个性，却不讲责任和能力，出现诸多任性骄纵的"熊孩子"和"巨婴"现象；家长望子成龙心切却呵护过度不让孩子"事上磨"，或严厉要求子女家长却不以身作则。

2. 仁德与自由不兼容，诚敬和理性成两难。

在中西文化的外部交错中，以仁、诚为核心观念的"中学"系统分别要与以自由、理性为核心观念的"西学"系统，相互发生磨合，有以下四种情况[③]：（1）仁—自由。仁德以关系和谐为导向，而自由以个人主义为指归，二者相遇常常难以兼容。比如同样是面对着反面角色的父亲，虞舜孝感动天重仁德轻自由，宙斯大义灭亲重自由轻仁德。我们传统所欣赏的"听话的乖孩子"往往缺乏主见、缺少棱角、四平八稳、凡事顺从，那些被认为"调皮捣蛋的野孩子"有着敢闯敢拼的自由人格，反而在自主创业中成绩突出。诸多偏才、怪才和鬼才见容于"西学"环境，却难于生发和成长于"中

① 吴国盛 . 自由的科学［M］. 福州：福建教育出版社，2002：15.

② 论语［M］. 张燕婴译注 . 北京：中华书局，2007（3）：171.

③ 本文主要探讨四种情况，更多相关情况可见于2017年8月13日杜维明教授在第24届世界哲学大会启动仪式暨"学以成人"国际学术研讨会上做题为《儒家的普世价值》讲演，为说明儒家思想与西方价值的互补，他讲道："没有同情的理性会成为一种冷酷的计算，同情而无理性会成为一种溺爱。没有正义的自由会成为自私自利，正义而自由会成为一种强制。没有礼仪的法律会成为无情的审判，礼仪而无法律会导致腐败。没有责任的权力会成为掠夺的借口，责任而无权力会成为一种压迫。没有社会和谐的个人尊严会孤立无援，社会和谐而无个人尊严会成为控制的手段。"视频资料见于网址 http：//live.sina.com.cn/zt/l/v/news/ty20026372/

学”背景，民间俗语流传“枪打出头鸟”“出头椽子先烂”，古代大哲亦云“圣人不敢为天下先”[①]，“中庸”也逐渐被理解为“平庸”。（2）仁—理性。仁重在求善，理性重在求真，我们常常使求真和求善各执一端。比如孔子讲“父为子隐、子为父隐”[②]——情理先于真理；亚里士多德讲“吾爱吾师，吾更爱真理”——真理先于情理。只讲理性在“中学”传统被认为是“太较真了”“得理不饶人”；而只讲仁就会导向人际关系而无法执着真理，尤其是在面对领导长辈、专家权威时，容易盲目屈从——“谁强谁说了算”，人微则言轻，而不是“谁对谁说了算”，英雄不问出处。（3）诚—理性。诚敬是一种态度，理性是一种能力，态度和能力常处两难境地。比如人们对孩子的肯定大多在意“真聪明”，而不是“很懂事”，导致孩子恃才傲物；家长和老师为了顾及孩子的情感态度，一味吹捧“开心教育”，不敢批评指正只准表扬鼓励；许多教师趋向“经师”资格而非“人师”榜样，重视专业能力水平却漠视教书育人的真诚之心。（4）诚—自由。诚敬重在尊重，自由重在平等，我们常常把诚和自由对立起来。要么太过自由而有损诚心，比如学生片面强调师生间自由平等的地位，而无视对教师应该予以起码的诚敬尊重；要么以诚的名义漠视基本自由，比如家长单方面要求教师要尊重孩子的个性，但家长自己却无视教师教育教学的自由权。

3. 以科技标准衡量人文创新，令价值理性趋从技术理性。

近代以降直至今日，诚如杜维明先生所言：“我们的传统文化已经异化了，我们的文化传统之中，传统文化的因素越来越少了，而且断裂的情况非常严重。我们的文化积累是以西方文化为主……这种积累不是一种地质学地积累，而是一种化学地积累。”[③]在“唯物”、实用和效率观念主导下，欧风美雨，西学东渐，传统断裂，文化形成独特化学畸变。重技术轻科学的科技文化日益强盛，人文文化日渐式微，科技成为话语霸权。忽视人文价值，轻视人文思维，扭曲人文特性，用衡量科技成果的标尺测度人文探索成果，用管理科技的办法管理人文，科技范式及其知识标准独步天下，鸠占鹊巢。人文学术评价，只顾认知与表达，不顾体验和实践，以不断发表字面成果为标准，只看三五年内的研究论文，迫使学人只重不断制造论文而轻践行和育人。这种不顾人文“螺旋积淀”机制而代之以科技的“线性递进”机制去促动片面求“新”的做法，使得高校和科研部门的人文学者难甘寂寞而去“十年磨一剑”。俯拾皆是的现象

---

① 老子译注［M］. 陈剑译注. 上海：上海古籍出版社，2016（1）：223.

② 论语［M］. 张燕婴译注. 北京：中华书局，2007（3）：195.

③ 详见2008年5月26日，杜维明教授在吉林大学社会科学名家讲座做题为“现代中国的文化认同”的报告. 视频资料见于网址 http：//v.youku.com/v_show/id_XMzU4MjIwMzI=.html

是：以科技之“衣不如新”的态度漠视人文之“人不如故”的特性；人文“创新”削足适履，一改初心，自我放逐，由“屈从”而“趋从”；不敬历久弥新之经典，不重返本开新之智慧，为创新而创新，文字泛滥，信息爆炸；过度创新，“成果”“丰硕”，智慧退转。——技术理性横扫人文疆域，价值理性几乎有家难回，历历在目，不一而足。

（二）立足传统本根，会通以求超胜

面临着中西冲突、古今无续等文化系统的紊乱，我们试图着眼创新，整合文化的“系统程序”以兼容教育的“应用程序”。针对上文三个不同层次的紊乱情况，分别寻求相应的解决之道。“科技无国界”“西学”中适合科技创新的文化基因要为我所用；“人文有疆域”，我们必须坚守本土情怀，立足传统本根。

1. 整合碎片：观念系统，逻辑自洽

自由和理性，仁和诚，这是中西各自文化设计中成套配对的关键范畴，不能只取其一端不顾其余。首先应该整合各自文化系统内部诸多的观念碎片，形成一个逻辑自洽的观念系统。就“西学”内部而言，要追求理性就必须要尊重人的自由。比如学校评价学生时要从整齐划一走向个性多样；家长要给孩子独自选择的空间，而不是凡事包办“做主”；“有恒产者有恒心”①，要尽可能保障创新者的财务自由以免除其斤斤计较利害得失，形成“为科学而科学、为学术而学术”的探求秉性。就“中学”内部而言，君子由诚而仁，道德教育重在内求。比如“没有教不好的学生，只有不会教的老师”是用于“内求”自我激励的理想表达，而不是“外求”用于绑架别人。

2. 创造条件：培养君子，情理合一

要协调中西文化交错中出现的种种不兼容，我们相应创造以下条件（如表2）：

表2　仁、诚和自由、理性之间的共在条件

	自由	理性
仁	①仁—自由：从心所欲不逾矩	②仁—理性：审美境界，关系理性
诚	④诚—自由：各美其美，美人之美	③诚—理性：专注态度，专业能力

① 孟子［M］. 方勇译注 . 北京：中华书局，2015（2）：90.

（1）仁—自由。唯君子能“从心所欲不逾矩”[①]，君子与君子之间相处，必然是积极融洽的：当关系主导方是君子时，他会尊重和包容手下每个人的自由个性；当关系非主导方如下属、晚辈和学生等人的个性和自由“不逾矩”而妨碍他人时，其言行就不再显得那么“离经叛道”或“特立独行”了。因此，整个社会必须重视德性养成，恢复中华传统智慧培养人人成为君子。（2）仁—理性。张世英先生基于中西文化融合研究阐述了人生的四种境界——“欲求境界、求知境界、道德境界、审美境界。审美为最高境界。”[②]求知境界求真（理性），道德境界求善（仁），二者可在“审美境界”中达到融会贯通，创新教育必须重视美育。再者，巴赫金（Mikhail Bakhtin）对话理论认为“存在就意味着进行对话的交际”[③]，也启示我们要在“关系理性”[④]中实现仁与理性的结合，因此，要重视“积极对话”以培养合作精神。（3）诚—理性。不诚无物，至诚如神，态度决定一切——我们应在教育中强调以专注态度促专业能力，兼顾能力训练与态度养成，兼顾创新成果与探索过程，既欣赏成功又善待失败。（4）诚—自由。费孝通先生在处理不同文化关系时总结出“各美其美，美人之美，美美与共，天下大同”[⑤]十六字箴言，彰显出这样一个深刻认识——自由个体之平等的内在意蕴恰恰在于相互尊重，由此为我们指出了一条平衡诚意正心与自由个性二者关系的解决之道。

3. 尊重差异：人文科技，分立相融

我们应充分尊重人文与科技的差异，二者之间的关系应是既分立又相融。所谓分立，即二者相互区别，各有各的规律、特性和标准，不能越俎代庖，要分立而成。在人文创新及其教育中必须要遵循人文道理特性，以对抗唯科技的话语霸权，使人文创新机制获得不可替代的独特地位。人文创新的评估标准和体系要改变当前的追求发表论文论著数量、比拼课题数量级别等做法，要特别注重对研究成果长久影响力的评估——若强加三年五年的“保质期”，则势必导致大家都不再追求塑造经典，而频繁地制造大批短平快的速效论文。人文创新不仅在于“立言”，在评价中还要注重“立德”与“立功”。因此，人文评估还要看其道成肉身的程度以及在实际的文明进程之中改造人心、改造人性、改造社会的贡献。所谓相融，即二者之间相互影响，相互作用，相互支撑。理性在一定阶段内有利于追求真理和科技创新，但也已经逐步逼近其“天花

① 论语［M］. 张燕婴译注 . 北京：中华书局，2007（3）：13.

② 张世英 . 哲学导论［M］. 北京：北京大学出版社，2008（6）：78-79.

③〔苏〕巴赫金 . 巴赫金全集（第5卷）［M］. 钱中文等译 . 第2版 . 石家庄：河北教育出版社，2009（9）：335.

④ 贺来 .“关系理性”与真实的“共同体”［J］. 中国社会科学，2015（6）：22-44；205-206.

⑤ 1990年12月，在就“人的研究在中国——个人的经历”主题进行演讲时，著名社会学家费孝通先生总结出了“各美其美，美人之美，美美与共，天下大同”这一处理不同文化关系的十六字箴言。

板”，如“阿尔法狗”（Alpha Go）能够打败围棋世界冠军，这表明仅就理性而言，人能够做的必然也都会被机器（人工智能）① 所替代——理性对于创新的作用必然也是有限的。因此必须要有灵性、有感性、讲仁德、讲诚敬的人文，来进一步扛起人类继续创新的大旗，人文要发挥对科技的引领、导航作用。当然，科技创新的进步对于传播人文知识、深化人文实践等技术支撑，自是众所熟知，在此不必赘述。

（三）创新教育的突破点：问题中心和重整家学

逻辑自洽的创新教育文化大系统不单是一个理论问题，更是一个实践问题。在实践中我们如何突破创新教育，本文强调两点。一是以问题为中心，这源于文化的启示。如理性文化从小就将个体置身于“问题荒原”从而砥砺其自由独立的理想人格，心性文化重视在“事上磨”中锻炼诚敬而“大其心”的君子境界，这恰是一种创造心理学的视域。二是重整家庭文化，这基于“中学”特点。不同于西方“原子式的个人”，家庭在“中学”设计中地位尤其重要，家是中国文化的始发地，创新教育须尊重“中学”传统，回归家园。我们须从社会文化学视角整合当今混乱的家庭文化，形成合力突破创新人才培养的文化瓶颈。

1. 扭转教育方式：从知识桃源走向问题荒原 ②

“科学仅仅从问题开始”，科学哲学家波普尔（Karl Popper）指出，“每一个方法的引入，每一个概念的发明等等，都要落实到问题上，不能落实到问题上的一切活动都不能对科学认识发生做贡献。因此，科学认识中一切活动有效性的前提是与问题的相关性。”③ 科学认识论是创新教育的理论基础，同时，所有指向创新的教育理论都把问题作为其核心构件。当下教育念着知识中心的“分数魔咒”，重“理解已知”轻“提出未知”，重“解答试题”轻“解决问题”，扼杀了好奇心与想象力。因此，我们必须扭转教育方式，课程改革要从知识“桃源”走向问题“荒原”。问题是孕育新思想的种子；知识只有通过问题，才能真正进入思维世界，才能具备可操作的诉求，才能转化为能力；方法论及其具体方法之获得与掌握也须以问题为中介。只有跨越知识中心、超越知识逻辑，走向问题中心、遵循问题逻辑，才能培养创新能力。我们要主动引导学生

---

① 〔以〕尤瓦尔·赫拉利.人工智能时代催生新的阶层——无用阶层的出现［M］//未来简史.北京：中信出版社，2017.

② 张祥云.由“非问题性教学”走向“问题性教学”［J］.高等教育研究，1995（5）：46-50.
张祥云.人文教育“问题性教学”论［M］// 大学教育——回归人文之蕴.广州：中山大学出版社，2004（8）：167-207.

③ 〔英〕波普尔.猜想与反驳［M］.上海：上海译文出版社，1986（8）：222.

走出安全舒适但充满限制的“知识桃源”，跨入危机四伏困难重重但充分自由的“问题荒原”，接受挑战，独立探索，事上磨练，形成自由创造的秉性。

2. 培根创新文化：回归家园，重整家学

早在1993年的联合国大会上，欧洲学者就力推其西方的“人权和民主主义的普遍性”，然而，亚洲国家却普遍坚守“维持秩序与和谐”，其核心是“家庭的价值”。[①]梁漱溟先生早在20世纪20年代就分析指出“中国人的家庭特见重要”，相比之下，“团体与个人，在西洋俨然两个实体，而家庭几若为虚位”，他还特意作图表示（见图3）。[②]

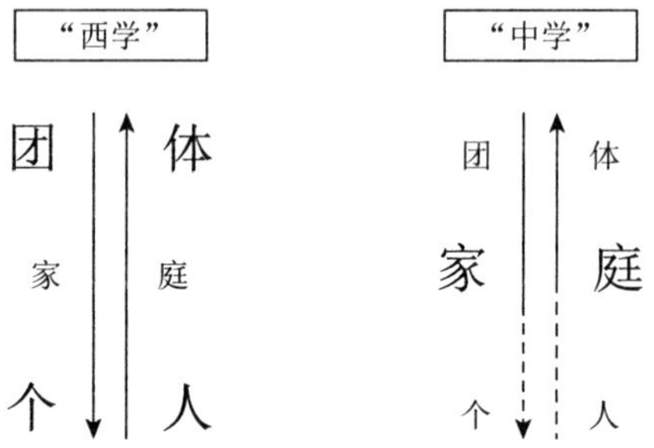

图3 中西社会结构对照图[③]

在“中学”传统里，家庭是社会结构的核心，是文化生长之根基，所谓“家—国—天下”。中国传统倾向以处理家庭关系的方式处理社会关系，而西方则倾向以处理社会关系的方式处理家庭关系，所以，我们应该比西方更加重视家庭文化之重建。自古以来，中华民族都极为重视家学传承，如《颜氏家训》《朱子家训》《曾国藩家书》《钱氏家训》等。今天看来，虽存不合时宜之处，但积极影响依然深远。所谓“养不教，父之过”，批评一个人没有良好的教养就是“没家教”，家庭成为中国人之仁爱之德、诚敬之心、良好习惯、规矩礼貌养成的根源之地。创新需要深厚强大的精神品质支撑，如果忽视家庭文化对人的培植，片面强调学校教育的单方面作用，那将有悖文化国情。然而，毋庸讳言，由于种种原因，优秀家学传统毁之久矣。今日家庭文化出现的诸多乱象，致使青少年成长的家园环境令人堪忧。许多家长本末倒置，只重视儿童知识和技能的学习，而轻视习惯德性等养成，娇生惯养、养尊处优、专横跋扈、心理脆弱、任性随意、贪图享乐、胸无大志等现象司空见惯；许多家长或认为教育是学

---

① 〔日〕落合美惠子.21世纪的日本家庭，何去何从（第3版）[M].郑杨译.济南：山东人民出版社，2010(4)：225.

② 梁漱溟.中国文化要义[M].上海：上海人民出版社，2005：70-71.

③ 与原图有微调。原图图例注释如下：一、以字体大小表示地位之轻重；二、以箭形线一往一复表示其直接互相关系；三、虚线表示其关系不甚明确。

校的责任，无视家庭影响，或以工作繁忙为由推卸教育责任。政府、社会，尤其是媒体，对家庭教育重视不足，普遍存在把教育的责任完全交给学校去承担的倾向，学校几乎成了“无限责任公司”。学校常常被希望满足人们对教育的所有合理不合理的要求，不堪重负，担惊受怕，左右为难。“安全第一”原则使学校不敢对学生进行挫折教育、社会实践，最终导致学校无法承担起“促进学生发展”的重大责任。政府要引导社会各界共促“家校合作”，共创家庭文化，惟有化解对学校的束缚，复兴中华传统优秀家学，才能为学校的创新教育营造宽松和谐的大环境。

关于张九龄研究的几点体会

张效民

摘　要　张九龄是唐玄宗时期重要的政治家，被称为“有唐人物第一”，不仅是当时文坛领袖，更是政绩突出的一代宰相。张九龄活跃于政坛的时期，正处在唐玄宗由盛转衰的节点，而根据研究历史的专家所言，唐朝由盛转衰的征兆早在唐玄宗贬黜张九龄的时候就已经显现出来了。本文所记述的，即是作者围绕这一切入点对张九龄展开研究的体会和总结。

关键词　张九龄、唐玄宗、历史研究

张九龄，字子寿，谥文献，故称“文献公”，唐代韶州曲江人。他生于唐高宗仪凤三年（678），死于唐开元二十八年（740）。张九龄曾经担任过唐玄宗的宰相，是唐代玄宗时期十分重要的政治家，一些历史学家还称他为“有唐人物第一”（屈大均语），是“岭海千年第一相”，认为岭南文献自张九龄始，可见推崇之高。他还是唐朝初年重要的诗人，属于唐诗从初唐诗风向盛唐诗风转化时期的代表性诗人之一，是这个过渡时期重要的诗人。他的许多诗作，脍炙人口。

如他的《望月怀远》：“海上生明月，天涯共此时。情人怨遥夜，竟夕起相思。灭烛怜光满，披衣觉露滋。不堪盈手赠，还寝梦佳期。”千古名句！

他的《春江晚景》：“江林多秀发，云日复相鲜。征路那逢此，春心益渺然。兴来只自得，佳气莫能传。薄暮津亭下，馀花满客船。”

他的《赋得自君之出矣》：“自君之出矣，不复理残机。思君如满月，夜夜减清辉。”

张九龄还有《感遇》系列诗歌。其中《感遇·其一》：“兰叶春葳蕤，桂华秋皎洁。欣欣此生意，自尔为佳节。谁知林栖者，闻风坐相悦。

作者简介

张效民，广东省人民政府参事，深圳市政协原副主席。

草木有本心，何求美人折？”

他的《湖口望庐山瀑布水》：“万丈红泉落，迢迢半紫氛。奔流下杂树，洒落出重云。日照虹霓似，天清风雨闻。灵山多秀色，空水共氤氲。”这里有几首诗经常被选入各种选本，有的还进入中学教材了。可见作为一位重要诗人，张九龄是当之无愧的。

张九龄还是当时文坛的领袖，唐玄宗称他是“文场元帅”；朝廷诸多制诰，都出于他之手，有“大手笔”之称；他还十分重视对于人才的推荐和提拔。他曾提携过王维、孟浩然等重要诗人。王维和孟浩然都有诗和张九龄唱和。王维还深深记住了张九龄提携的“旧恩”。

无论在朝廷还是在地方任职，他都尽忠职守，政绩突出。尤其是他反对唐玄宗改立太子；他主张在黄河淤泥地种植水稻，以减轻江河漕运的负担，从根本上解决京师的粮食供应问题；他还反对重用武人进入朝廷担任要职；主张杀掉还是一个边将的安禄山，以抑制边将为自己建功立业挑起战争，而导致边疆不稳，同时他也认为安禄山面带反相，今后可能造反，杀了可以根绝后患，等等。尤其是主张杀掉安禄山一事，深深印在唐玄宗头脑中。十几年后安禄山果然兴兵造反之时，唐玄宗被迫逃到四川。在那里，唐玄宗深深后悔没有听从张九龄的意见除掉安禄山，以致遗祸今日。悔恨之余，就派人到韶关曲江祭祀张九龄。后世的历史学家也认为张九龄的主张具有远见卓识，有识人之明，并认为唐朝的由盛转衰，就根源于唐玄宗对张九龄的贬谪。

张九龄的立朝风度也让人向往。尽管他已被唐玄宗贬出朝廷到地方任职，但是他的风度却仍然留在唐玄宗的记忆里。每当有人推荐新的宰相人选时，唐玄宗总要问：“他的风度和张九龄相比怎么样啊？”似乎张九龄的风度就成了唐玄宗选人用人的一个重要标准了。

在张九龄家乡韶州曲江，也就是今天的韶关市内，人们就根据唐玄宗此言，建立了一座纪念张九龄的楼台，名字就叫“风度楼”，可惜这个风度楼在抗日战争中被日军飞机炸毁了！近几年韶关市正在呼吁重建风度楼，以纪念这位出生于韶关的历史伟人。

总之，张九龄是我国历史上一位十分重要的人物。一些历史学家还把他称为唐代的第一流人物，著名的宰相。

一、缘起：我为什么研究张九龄？

对于这样一位历史人物，我当然充满敬意，但是充满敬意不是研究他的原因。我研究张九龄的动因是什么？其实也不是因为张九龄是我国古代文学史上一位重要的诗人，不是因为他的政治功绩，他的识人之明等等。有人问我，那是不是因为你也姓张？研究姓张的历史文化名人，为家族增光添彩！这事儿当然也可以算是一个理由，但不是直接原因。那么直接原因是什么？

记得几年前，一次在深圳盐田区考察，晚上就餐时，大家都谈到一个历史现象，就是毛主席和黄炎培的“窑洞对”。从历史上看，一个王朝兴起时总是朝气勃勃，但是经过一段时间，就开始走下坡路。如果这个期间有那么一位英明的君主采取一系列英明政策，纠正长期形成的弊政，这个王朝就能延长；但是如果没有这样一位人物出现，那么这个王朝就会很快走向崩溃，以至亡国。这个历史现象反复出现，所以黄炎培老先生就把这个现象概括为历史的周期律。谈论间，我忽然想起以前读书，看到唐玄宗这样一位前期很有作为的君王，因为安史之乱的原因，使兴盛的唐王朝转向了衰落。而据史家所言，唐朝由盛转衰的征兆早在唐玄宗贬黜张九龄时就显现出来了。因此我就想，何不研究一下张九龄与唐玄宗的关系呢？于是我说，我要写一本张九龄的传记，重点研究一下张九龄与唐玄宗的关系，研究一下唐玄宗对于张九龄的贬黜与安史之乱的发生究竟有何关联。如果说唐王朝后来是灭亡于藩镇割据、朋党干政和宦官乱政，那么在唐玄宗时期，唐王朝这样一个兴盛大国何以走向衰落？唐玄宗在这里究竟是一种怎样的角色，起到了什么样的作用？唐玄宗的作为为后来唐王朝的灭亡究竟埋下了哪些种子？

我这些想法得到了当时不少与会人士的赞赏，有领导同志说，历史的经验值得注意，这也可为我们今天提供一些借鉴。反正大家都说希望尽快成书。这也就给了我很大的压力，其实也是一种动力。话一旦说出去了，我自然就开始准备材料。但是那时我尚未从一线工作岗位上退下来，不敢说是日理万机，但事务也是非常繁冗的，所以一直未曾开始着笔写作。直到三年前我从一线岗位退下了，政协的职务此后就没有了，自己能够把握的时间多起来了，于是就开始考虑如何写作《张九龄传》的问题。

二、从什么地方开始研究？

写作《张九龄传》，应该算是一个比较大的工程，这一点我也是有所认识的。写传记我也有些体会，30 年前，我曾写作出版过《艾芜评传》，25 年前又改为《艾芜传》出版。我知道写作传记的艰辛，何况这次要写的《张九龄传》是一位综合性人物的传记，传主既是文学家，更是政治家，而且是一位活跃在最高层的政治家，写作的难度自然更大一些，因此我也高度重视。反复思考后，觉得还是要按照传记写作的惯例，把张九龄的一生事迹先列出来，搞出一个简谱性质的东西，然后再把这些材料记录的事实与当时历史背景结合起来，分章分节地列出个提纲来，再开始进入正式写作。到了这个时候，我才发现，史书上关于张九龄的记载虽然也有一些，但是要写一本传记，还是远远不够的。以前虽然写过传记，但那是现代作家的传记，不需要对于现代生活做过多的介绍。而写张九龄则不同，需要把张九龄置于特定的历史背景之下，才能符合历史的真实。但是那个时候的政治环境、规章制度、人文风俗、地理环境、周边形势以及人们的心态等等，可不是一下子就能吃透的。因此，为张九龄立传，必须对于这些问题有一个比较大致的了解。否则，写出来的人物是立不起来的，甚至还可能把人物写成一个四不像的怪物。

这里举几个例子。韶关学院的熊飞教授在他的那本《张九龄大传》中说，有材料说张九龄十三岁时，广州都督是王方庆，他就“献书路左”，得到赞赏。王方庆赞扬他“此子必能致远”。所谓“献书”的具体内容是什么呢？没有具体记载。但是熊飞分析说，张九龄所献的书，是一篇文章，在文章中，一定是针对武则天篡唐一事提出批评，体现出他的真知灼见来，所以受到王方庆的赞扬。这就有点以今例古了。试想，从王方庆方面想，他是武则天十分赞赏的朝中大官，当过宰相，到岭南担任广州都督，也是出于武则天对于他的信任。这样一位人物，怎么能容忍对于武则天的批评呢？他的政治身份决定了他不可能允许他治下的子民去妄议朝政，更不会对于这样的议论加以赞扬！从张九龄的角度讲，当时张九龄年甫十三，“献书路左”的行为，不可能是他自己决定的，一定有他父亲和其他家人的策划支持。那些人也是饱读诗书，有的还有从政的经历，朝廷的规矩是熟悉的。他们绝对不会让张九龄去向广州都督献书议论朝政，尤其是妄议武则天这位女皇帝，那可是杀头之罪呀！从一般献书而言，主要是展示自己的才华和对于儒家经典的熟悉，对于那些久居山林的隐士而言，有时会针对朝政中一些重大的举措提出些建议。一旦被看重，就会得到皇帝的青睐，一般会授予一个官职。绝对不会冒着巨大风险去议论当时十分敏感的政治问题。因为那无异于找死！但是那是科举不通的文人的一条通向官场的路径，一般都是成年人所为的。张九龄当时年龄不大，他完全可以循着科举之路走下去，献书只是为了展示自己的才华，引起朝廷高官的关注，借以提高其知名度，今后也还可能受到提携。其目的，我看说到这里就可以了，如果硬要展现其远见卓识而拔高其政治站位，就只能漏洞百出，遗人笑柄了。

再比如，熊飞说张九龄参加唐中宗神龙二年的制举考试入仕后，任征仕郎，行秘书省校书郎职务。这次制科考试的题目是：材勘经邦科。熊飞认为：“但他却怎么也高兴不起来。为什么呢？因为他应的是材勘经邦科的考试，‘材勘经邦’，用现在的话说，就是才能能够胜任经邦济世。当时当政者并没有因他有经邦济世之才，就马上授给他施展这种才能的相应官职；恰恰相反，现在吏部让他担任的却是一个普通科目均可授予的闲官——征仕郎行秘书省校书郎的职务。征仕郎正八品下阶，这是张九龄的散阶；秘书省校书郎正九品上阶，是他的职事，即在秘书省上班，任秘书省校书郎。这使他大失所望。”熊飞还强调：“张九龄对朝廷授给他的秘书省校书郎这个职务是很不满意的。”他还举张九龄《与李侍御书》中说的“误登射策之科，忝职藏书之阁”来证明自己的说法。还举张九龄的《赠澧阳韦明府》诗来证明：“君有百炼刃，堪断七重犀。谁开太阿匣，持割武城鸡。竟与尚书佩，还应天子提。何时遇操宰，当使玉如泥。”认为这是张九龄借他人酒杯浇自己的块垒。

首先，对于张九龄对于授予自己的这个职务是否满意的问题，熊飞先生是有点“望文生义”了。“材堪经邦科”是当时制科考试的一个科目，确实是侧重于考察应考者安邦治国的能力的。在这个科目考试中中举了，确实表明你具有了这个基本的知识基础了。但是有知识并不等于就有能力，能力还需要到实际工作中去锻炼。中举以后授予什么官职，取决于两个方面的因素：一是皇帝的看法，二是制度性规定。一般的情况是，普通进士及第，一般都授予正九品下阶的职事，而对张九龄的职事所授的正九品上阶，还有一个正八品下阶的散阶，可见已经与普通进士很不同了。不是说照顾他，而是说制科中举在授予官职时，已经考虑到这是皇帝亲自命题、亲自主持的考试这一因素了。所以张九龄不可能不满意的。就担任的职务来说，虽然秘书省校书郎是一个校书的职务，官不算大，但是因为在秘书省，那可是一个清望之地！不少人都是从这个位子上很快晋升的。一些人甚至十几年间就升到宰辅之位。在这样一个位置上，张九龄怎么会不满意呢？如果说张九龄不满意于“未授予相应的官职”，那相应官职是什么？“安邦济世”的官职，那不是宰相吗？起码也应该是那个部的侍郎、尚书吧？一个刚刚入仕的青年，会产生这样的想法？我相信张九龄那时不可能那么狂妄！

至于熊飞所举“误登射策之科，忝列藏书之阁”，那明明是一句带有自谦与自夸的交织的看似谦虚的话，还有引用的那首诗，那是赞扬韦明府有才干，当个县令，很快就会升迁，居于大任的。怎么也不能解读为自己有不满情绪！可见，熊飞提出这些问题，是不明当时制度，望文生义，解读不准兼而有之，是不符合张九龄当时的思想实际，也不符合当时科举制度规定的。在熟悉那个时代的研究者看来，这样把今天人们的一些认识强加在张九龄身上，是很不符合实际的，是一个笑话。

要解决这一系列的问题，只有去读书，把书读熟了，读透了，才能进入到那个时代环境中，才可能把人物的心理琢磨清楚，才可能找到人物行为的真实可信的动机。因此，我对张九龄的研究，就从这里开始，也就是从与张九龄相关的历史、社会背景入手来研究。首先就是读书，读新、旧唐书，读记载当时朝廷人物、政治制度、科举制度的记载；读能够找到的一切唐人、宋人笔记著述，沉浸在历史中；还读唐以后一直到现在我能够收集到的关于张九龄研究的所有著述，收集材料，然后比较鉴别，确定有用的材料，感到有些把握了，就写入传记中去。

三、我研究的内容是什么？

就这样，我开始了传记的写作。我将收集到的关于张九龄的生平经历材料整理出来，编成一个年谱性质的东西，再据此分出章节，在征求一些人的意见后，正式进入了传记的写作。开始比较顺利，但写到张九龄参加科举考试时，写不下去了。原因是一旦进入写作，就发现关于张九龄的生平事迹，以前的材料记载不详，因此后人解读起来分歧很大，各说各的，莫衷一是。我写这个传记，依据哪一家的说法呢？为什么听他的呢？

举几个例子。比如，关于张九龄参加科举考试的时间。现在的说法，主要有三种，一种说是武后神功元年（697），一种说是长安二年（702），一种是唐中宗景龙元年（707）。几种说法，各有各的依据来历，这需要辨析清楚吧？

再比如，根据现在还可以看到的徐松的《登科记》和后人的考证，张九龄是长安二年进士及第的。按照科举制度的规定，进士及第就可以当官了，也就是进入仕途了。这是当时一般士人梦寐以求的理想啊，当然就应该高高兴兴地去当官了吧。但是张九龄却没有去当官，什么原因，不知道，新、旧唐书都没有说，但是关于那次科举的主考官沈佺期却有明确记载。

又比如，张九龄进士及第时，主考官是沈佺期。沈佺期是初唐十分重要的诗人，唐代的近体格律诗就是在他和宋之问等一帮文人手里定型的。他当主考官时，职务是吏部员外郎。新、旧唐书沈佺期的传，说他“考功受赇”以致“浮议上闻”，被流放岭南。而他当主考官唯此一次，于是后来的研究者就分析说，张九龄之所以进士及第后未当官，是因为主考官沈佺期“考功受赇”“浮议上闻”，导致那次科举考试的结果作废了。那就需要搞清楚：一、张九龄那届的考据考试结果是否作废；二、沈佺期是否“考功受赇”；三、所谓的“浮议上闻”是怎么样一回事情；四、沈佺期流放岭南真是因为“考功受赇”吗？等等。

又如，徐浩所撰《张九龄神道碑》："弱冠乡试进士，考功郎沈佺期尤所激扬，一举高第。时有下等谤议上闻。中书令李公，当代词宗，诏令重试，再拔其萃，擢秘书省校书郎。应道侔伊吕科，对策第二等，迁左拾遗。"就是说，张九龄确实参加了重试。那么，真是如此吗？什么性质的重试？为什么参加重试？也需要弄明白。

这样，我的写作初衷就不得不有所改变了，也就是说，原来要写一本人物传记，而且是政治人物的传记，目的是弄清一个重大政治问题，到现在，首先必须研究与张九龄相关的一系列问题，这就变成了历史问题的研究了。而且，不解决这样几个问题，写《张九龄传》是没多大意义的。至少，在对于张九龄研究中是没有什么突破的。因此，以上系列问题就成为我写《张九龄传》必须解决的问题。

必须解决问题，这个决心容易下，能不能解决问题，则是需要付出艰巨的努力的。有些时候，即使付出努力也还是解决不了。首先我把张九龄这个时期的经历及其相关问题做了一个全面的梳理。主要是，张九龄是什么时间进士及第的？张九龄为什么在进士及第后未入仕？张九龄的座主沈佺期是否受贿？当时所谓"浮议上闻"究竟是怎么回事？沈佺期因何被流放岭南，而且还被流放到现在属于越南的驩州？由此入手，一个问题一个问题地加以解决，这就形成了张九龄及其相关人物研究的一个完整的系列论文了。就是《张九龄进士中举时间考辨》《张九龄进士及第"重试"问题正误》《张九龄"丁父忧"准确时间考辨——兼及初唐授官泛滥问题》《沈佺期"考功受赇"问题考辨》《沈佺期"考功受赇"浮议案真相探源》《沈佺期流放驩州真实原因考析》《张九龄之父张弘愈生平事迹考》，还可以生发出《武则天晚期朝廷政治势力的分布》《沈佺期在珠英学士中的地位问题》等等文章。这些文章收集起来，大约有十几万字了，可以编成《张九龄沈佺期研究》一书了。事实上，一些出版机构的朋友也认为，这个研究很有价值，很有意义，已经同意出版了。

四、几点体会

通过这几年对张九龄的研究，我有几点认识体会，和大家分享一下。

（一）不迷信权威，要善于从现有结论中寻疑。一般地说，文学、历史研究中已成的结论，大都来源于现存的史书、史料，或者是前人研究的结论，都具有一定的权威性。如果不是专题研究，如写点赏析文章，讲讲课呀，一般情况下也就采信了前人的说法。但是开展专题研究，就不能仅仅依靠前人根据当时能掌握的材料和限于当时的认识水平而得出的结论了。要具有不迷信权威的意识，在研究中，大家都是平等的，你能够看到的材料，我也能够看到，没必要迷信谁，何况后来人还可能看到前人未曾见到的材料呢！比如，古代人没有看到过张九龄的墓志铭，都说张九龄活到68岁，而正是20世纪70年代韶关曲江出土了张九龄的墓志铭，是张九龄同时代人徐安贞写的，下葬的时候一并放进去的，这个权威性是无可动摇的。这才确定张九龄实际只活了63岁。再看以前研究刘禹锡的人都说他的《竹枝词》十一首写于鼎州（即现在湖南的常德），但是一直到“文革”中因为评法批儒，上海人民出版社出版了从日本引进的《刘禹锡集》完整的版本，发现刘禹锡自己说《竹枝词》作于夔州（今重庆的奉节），这就是后来人做学问的优势所在。

要在看似已经没有问题的地方发现问题，在看似已经解决了的问题中发现新的问题，就是在现有基础上去寻疑，提出问题。在学术研究中，先要有疑，沿着这个“疑”去释疑，就容易寻找到问题。提出问题，是解决问题的前提。而这个“有疑”，先要“生疑”。生疑，需要掌握材料，需要对比考证，人们说提出问题是解决问题的前提，所以提出问题十分重要。比如，张九龄进士及第的时间问题，那三种说法，都是比较有权威的人提出来的，但是却又如此不同。那么，不同的权威，究竟哪种是对的呢？这就要比较权威人士提出的结论的依据了，看看哪个使用的材料最为可靠，哪个的论证最有说服力。在此基础上更加辨析，看看有无新材料的发现；再看看旧材料中有无被忽略的地方，能不能有新的解释？这样就可能有所发现。很多人都说张九龄武后神功元年进士及第，该年是697年。看来看去，其依据是唐代徐浩所作《张九龄神道碑》的一句话，“弱冠乡试，进士考功郎沈佺期尤所激扬，一举高第”。弱冠就是20岁。张九龄生于678年，到神功元年（697），正好20岁，所以定为张九龄神功元年进士及第。可见神功元年张九龄进士及第并无过硬的材料证明，是推测出来的；但是后人很多都持此说，连傅璇琮先生也曾持此说；张九龄长安二年进士及第一说，最早出自于北宋人晁公武的《郡斋读书志》，北宋王溥编的《唐会要》说张九龄长安三年进士及第，但是按照这书编辑体例，应该是长安二年之误；以后清代的徐松《登科记考》，遍搜唐五代关于登科记的材料，经过考证，也确认张九龄长安二年进士及第。这些都是历史研究的重要著作，作者也是权威人士。还有就是景龙元年张九龄进士及第说。查景龙元年就是神龙三年九月改元而来，因此神龙三年就是景龙元年，都是707年。张九龄是年参加唐中宗举办的“材勘经邦科”制科考试中举。因此，这两个说法其实是一致的。但是，张九龄参加的并不是普通科举考试，而是制举，所以说张九龄本年进士及第是不对的。这样就是把张九龄参加的由中宗皇帝主持的制科考试误为由考功员外郎主持的科举考试了。

由此看来，张九龄参加的科举考试及第应该是长安二年（702），没有疑问。我们说过，现在已经逝世的前唐代文学研究会会长、著名文史研究大家傅璇琮先生也写过《唐代诗人考略·张九龄》说张九龄是神功元年进士及第，但是在他所正式出版的《唐代文学丛考》一书中并未收入这篇文章，且后来他和陶敏共同担任主编的《唐五代文学编年史》初盛唐卷中已采用长安二年之说。这说明傅先生其实是已经纠正了自己对于这一问题的看法了。

（二）以破案的方式去解决问题：公安部门的破案和学术考证有相同之处，就是都要重证据，都要确定证据的科学性和合法性。当然也有区别，最重要的是，现在公安人员破案是以国家公权力去破，学术难题的破案则是个体劳动。同时，现在公安人员破案有现代科学技术可以依靠，而学术上的破案，公安人员的很多破案手段是用不上的，但是现在搞考古却完全可以用上。

现在就说学术考证上的破案吧。学术考证讲证据，就是讲究材料的充分掌握，证据材料的掌握、对比、互证、辨析。

一是尽可能穷尽材料。张九龄长安二年考试结果现在人说作废了，甚至中国社会科学院一位专家说，可能是因为张九龄 20 来岁就考中进士，那时考中进士确实是很难的，不是有“五十少进士”之说吗？ 20 来岁中进士，又出生于岭南边远地区，所以引起怀疑，认为一定是张九龄行贿了。这就把问题复杂化了。这个怀疑其实毫无根据，只是从关于沈佺期“考工受赇”的历史记载中推想出来的，是无中生有的，把张九龄的清白给玷污了。说那次科举考试作废，遍查现有材料均无此记载，可见作废之说也仅是推测；而且《新唐书》选举志说，当年及次年举人大量授官，可见当年考试结果并未作废，不仅未作废，反而是大量授官。所以材料很重要，之所以现在人说是作废，那是望文生义的推测，是以今天的政策去推测古代的事件。

二是辨析真伪。古人写作文，尤其是写地方志的人，其实态度并不很认真，往往道听途说甚至于捏造事实。比如，杜甫说张九龄出生的时候，其母夜梦九只凤凰盘桓于庭中，这是为了增加张九龄的神奇性编造的，但是杜甫信以为真了。

又如，韶关的民间传说，张九龄很小的时候到韶关的南华寺游玩，在这个名山胜景之中，张九龄被迷住了，看得津津有味。忽报韶州府太守率州衙官员进香朝拜，殿前香客赶忙回避。张九龄把进寺前折的桃花藏于袖中，若无其事地看着太守随从摆弄供品，没有一点害怕的样子。太守见九龄活泼天真十分可爱，想试试他的才气如何。便问：“你莫非想吃供果？我出个对子，若对上，就给你供果吃。”张九龄信口道：“好呀。”太守早已看见九龄袖藏桃花，就出了个上联“白面书生袖里暗藏春色”。九龄立即回应道“黄堂太守胸中明察秋毫”。太守思忖，这小孩真是个神童，再考考他。又出一对“一位童子，攀龙攀凤攀丹桂”，张九龄猛一抬头，正对面前三尊大佛像，触景生情，便应“三尊大佛，坐狮坐象坐莲花”。太守与随从无不惊叹：此子日后定非等闲之辈。

张九龄拿着太守赏给的供果去后面玩，被一和尚看见，以为他偷吃供果。九龄说是太守赏赐的，和尚不信：“凭什么说太守给你的？”九龄诉说原委。和尚好生奇怪，便让九龄说太守出的对子。九龄念出太守上联，和尚问“那你又是怎应对的”。九龄灵机一动，便说我对的下联是“满寺和尚，偷猪偷狗偷青菜”。和尚一听下联，心头一惊，便拔腿要追太守去说个明白。

这个故事很有些意味，但很可能是民间文人根据新、旧唐书张九龄传记中“七岁知属文”和《大正藏》第五十一册所载大鉴亦即惠能对于张九龄的称赞的记载而编排演义的。《大正藏》说：大鉴和尚一见幼年时代的张九龄即赞誉说他是一位奇童，将来必成大器。既然得到名播海内的六祖惠能的赞赏，当然张九龄的名声也就跟着大起来了。后人以此为依据，编排一些故事，也就是自然的事情了。

但是唐时风气，即使一个官员要试一下小童的才情，也不会以考对联的方式来进行。因为对联一体，是始于五代的后蜀孟昶，不可能在早于后蜀数百年的唐代就如此流行。我们认为以对联考试才情机智，应该是明清时代的风气。后来在明代江盈科的《谈丛》中找到了依据。该书记载：“于忠肃公（谦）年八九岁以神童名，一侍御饮寺中，招忠肃至，出句云：‘三尊大佛，坐狮坐象坐莲花。’公对曰：‘一介书生，攀凤攀龙攀桂子。’侍御大奇赏之，命一挥使抱之出，挥使问曰：‘适所对云何，乃尔见称？’公云：‘他出的是三尊大佛，坐狮坐象坐莲花。’挥使又问：‘尔何以对？’遂改答曰：‘一个小军，偷鸡偷狗偷苋菜。’应机敏妙，莫可端倪，非天赋安能然哉！”（见江盈科《雪涛小说（外四种）》102页，上海古籍出版社2000年5月，第1版）可见，传说中张九龄的这个故事，实在是从这里抄出来，以移花接木、改头换面手法进行了再创造。当然也有可能是江盈科把张九龄的传说故事改编为于谦的故事，现已难于确考了。

三是追根溯源。如张九龄长安二年中举后，既然当年大量授官，那为什么张九龄未得一官半职，反而会到韶关来呢？这个问题引起关注后，研究的结论是张九龄父亲去世了，他要回乡“丁忧”。由此问题还引发出了新问题，张九龄之父什么时候死的呢？综合分析，应该会死在张九龄入京参加贡举后，按照当时制度，参加贡举的士子，每年十一月份要在京城集中，到户部交验身份凭证，办理互保手续后，才能参加考试。有这些材料，可以证明，张九龄之父应该是死于长安三年正月，也就是说，张九龄考试时尚不知其父已死，中举后才得到消息。那时授官，中进士是资格考试，至于到哪里当官，则还需要参加吏部主持的“释褐试”，这个考试，要靠身、言、书、判四个方面的内容，带有面试性质。张九龄他既要丁忧，自然无法参加考试，未授官就正常了。

四是互证。研究古人，最苦的是没有材料。当然一些人物正史上是有传记的，但是这些传记对于其一生而言，还是简略的；有些人地位不高，由其家人委托朋友写了传记，但也很简单。而且还有个为尊者讳的问题，尽量拔高；或者隐恶扬善，真实性就受损了。还有就是本人有文集，可以补充史料不足。还可以与他有交往的人的传记和文集中寻找材料，与之比对，既可补充事实，还可以通过互证对比，确定事实真相。比如，对于沈佺期当主考官时是否受贿的问题，就是从多个人物的传记中找到相关材料排比互证，搞清了事实真相的。

五是确认事实，得出结论。要根据材料说话，有几分材料说几分话，没有充分的材料、绝对把握，不要把话说满说死了，要留有一定余地。找到关于沈佺期的材料，就是当时所谓“浮议上闻”的事件，其实不是指他主持的那次科举考试，而是指他主持的关于官员的年终考核。吏部的考功司，有主官叫考功郎中，还有两个副职，叫考功员外郎。员外郎的责任除了主持科举考试之外，还有就是要主持“冬集”考试中对于地方官员的考核。在这个方面出了问题，不公正，所以“浮议上闻”。新、旧唐书崔玄暐传中记载了这个事。崔当时任吏部侍郎，也就是副部长，是主管此事的最高长官了。但是当时受到武则天宠爱的“二张”因为要在这次考核中做手脚，就在“冬集”之前把崔玄暐调走了，于是吏部一些“书令史们”很高兴，可以受贿了，甚至“设宴相庆”。这是武则天告诉崔玄暐的。武则天让崔再回吏部担任侍郎职务，清查此事也是很自然的事情了。但是，沈佺期在这个事件中有什么责任呢？当时还没有充分材料，所以在此后一两年中还不断被提拔。所以说沈佺期的责任之时，要有分寸。

（三）穷尽问题：就是把张九龄某一具体事件相关问题梳理出来，梳理出连类而及的问题树，就是在研究中要把你所面对的问题做一个全面的梳理，看看究竟需要解决哪些问题。当然这有一个逐步深化的问题，你也别指望一蹴而就，很多问题是在研究过程中逐步发现、逐步完善的。我搞张九龄研究，最先是从张九龄何时参加科举考试入手的，这问题搞清楚后，发现他中举后居然没有做官，而是返回韶关曲江了。我就想，这是为什么？潜伏在这里面的原因何在？历史上没有记载。我从顾建国《张九龄年谱》中得到启发，他说可能是因为张九龄父亲去世了，他要回来“丁忧”，我就沿着这一个思路去研究，从《唐六典》中找到了根据，就是在那个时代，无论何人，只要家中长辈去世，必须及时报告，有官职的必须立即辞官回家“丁忧”守制。我还查阅了古代的“丁忧”制度规定“丁忧”的时间，一般规定三年，但是实际上是以九个月代替一年的。再结合张九龄再次参加制科考试的时间来研究，就把这个问题基本上搞清楚了。徐浩《张九龄神道碑》说张九龄“弱冠乡试，进士考功郎沈佺期尤所激扬，一举高第。时有下等谤议上闻。中书令李公，当代词宗，诏令重试，再拔其萃，擢秘书省校书郎。应道侔伊吕科对策第二等，迁左拾遗。”这个时间长度是很长的，包含了张九龄丰富的人生经历。这里说“时有下等谤议上闻”，这是怎么回事？“时有下等”，谁下等了，什么性质的问题？“谤议上闻”，什么样的“谤议”？“上闻”就是皇帝知道了，当时的皇帝是武则天，知道后有什么举措？被议者又有什么责任，受到什么处罚？就沿着这个线索追下去，终于解决了问题。再结合其他资料，说“中书令李公，当代词宗，诏令重试，再拔其萃，擢秘书省校书郎”。这里的问题很多，尤其是“诏令重试”，什么性质的“重试”？内容是什么？然后再考虑既然张九龄已中进士，肯定是因为“丁忧”而未入仕，考试结果并未被取消，那还重试什么内容？再考虑，新、旧唐书都说沈佺期因为“考功受赇”而贬岭南，而“考功”正是主持科举考试的官员，那么在这个“时有下等浮议上闻”事件中有什么责任？考虑唐代初年官场的实际情况，买官卖官盛行，武则天是什么态度、采取何种措施？沈佺期因“考功受赇”案发入狱是在长安四年（704），被贬岭南发生在长安五年亦即神龙元年（705）。这个案发，是怎样“发”的？而且沈佺期在长安二年主持科举考试后两年间官位升迁迅速，并未受到“浮议上闻”事件的影响，原因何在？也可证和那次科举考试没什么关系，等等。再由此挖下去，还挖出来张易之、张昌宗兄弟来，挖出宰相李迥秀来，最后挖到武则天。就是“二张”兄弟何以如此猖獗？仅仅因为他们是武则天的面首吗？他们真是武则天的面首吗？这就形成了一系列问题，是一个问题链，问题树，把这个问题链搞清了，这个研究就算完成了，就显得很有意思了。

（四）网络的利用和准确性把握：我们现在是网络时代，我们的研究应该借助网络的帮助，这没什么问题。现在网络发达，很多古籍都上了网，利用网络可以帮助我们尽快查找资料。就张九龄这个研究来说，网络就帮了我不少忙。主要是利用新、旧唐书以及其他书籍的网络版，可以更加快捷有效地寻找资料、收集资料，收到事半功倍的效果。比如我查阅新、旧唐书，就是把与沈佺期、张九龄同时代人，包括张说、张柬之、宋之问、武则天、唐中宗、韦后、张易之、张昌宗、崔玄暐、桓彦范、敬晖等百余人物的传记在网络上快速浏览一遍，从中发现了不少线索，在具体查阅文字版的新、旧唐书以及《资治通鉴》《唐会要》《册府元龟》《登科记考》《唐人轶事汇编》等等书籍去比对查证，确实证实了的材料才加以使用。但是一定要注意，网络是个工具，可以运用这个工具为我们的研究目的服务，但是绝对不能完全信任和依赖网络。必须将通过网络收集到的资料与文字版的古籍加以认真核对，确保材料的准确性、可靠性。因为现在电子书的网络版，因为录入人员的工作态度、文化水平都会影响文字录入的质量，甚至因为录入者的不认真，新增诸多错误，如果未加核对，就一定会将错就错，发生许多本来不应该发生的错误。古人说过，尽信书不如无书，现在换过来说，尽信网不如无网。这是非常重要的一个信条，大家一定要注意，千万不能偷懒，不能把网络作为一种完全可靠的依赖，那样的话，必然会被网络异化。

（五）要坐得住：坐得住，首先要静下心来。范文澜先生提倡做学问“要坐冷板凳，吃冷猪头肉”；南京大学有个叫韩儒林的老师据此写了副对联“板凳需坐十年冷，文章不写一句空”，说的都是这个意思。当然韩先生这对联有点绝对化，不写一句空，太难了。文章都是一句一句连接起来，有些地方讲究起承转合的软连接，哪能每句都是干货、硬货？板凳需坐十年冷，有些老先生一辈子都踏踏实实做学问，没什么惊天动地之举，也没什么重大社会影响，但是学问则是扎扎实实的，不仅是十年的问题。但是今天拿这个来要求大家，显然是不现实的。现在的考核制度你就过不了，过不了你的奖金就少，收入减少可是件大事呀！除非你家有万贯，或者是腰缠十万贯，不去考虑这个收入问题。还有就是评职称问题，没有论文不行。但是“坐冷板凳”这个精神要提倡，要树立质量意识。不要过分着急去发表文章，要反复印证，有比较绝对的把握再拿出来。不要因为急于成名而凑数，要控制自己的虚荣心，不要为了某种现实需要去重复别人，对于老课题要有新角度，新发现，新观点，或者在前人研究基础上开出新面。要确立诚信意识，不能利欲熏心，为了发文章去改头换面，获取稿酬，抄袭人家的东西是可耻行为，更是一个学风问题、诚信问题。今天的学术界也正在清理这样的问题，对于抄袭者也记入诚信档案，要高度警惕这样问题的发生。

以上是我研究张九龄的一些体会，既不深刻也不全面，说出来与大家共享，并不是说我在张九龄研究中已经取得多大成绩，只是个人的点滴体会，点滴的收获。这个研究还会进行下去，我会继续努力，争取把《张九龄传》写好。

谢谢大家。

2018 年 6 月 19 日

附注：

本文是在深圳职业技术学院图书馆国学馆的讲稿。

中华优秀传统文化的转化与创新探寻

鲍明晖

摘　要　中华优秀传统文化是中华民族的精神命脉。本文以弘扬优秀传统文化为主题，弘扬中华传统文化精粹，创新中国文化传播的理念，研究转化和创新中华优秀传统文化的重要历史意义与现实意义。

关键词　传统文化转化、文化创新、文化形式

作者简介

鲍明晖，武汉职业技术学院文化与传播学院教授。

引　言

习近平总书记不久前在中共中央政治局第十八次集体学习时指出，“中华优秀传统文化是中华民族的精神命脉，是涵养社会主义核心价值观的重要源泉，也是我们在世界文化激荡中站稳脚跟的坚实根基”。优秀传统文化在一个民族生存和发展的整个过程中起着重要的作用，中华民族在创造人类文明的过程中，形成了具有强大生命力的优秀传统文化，不仅体现了崇高的民族精神、民族气节，而且涵盖了哲学、社会科学、自然科学、文化艺术等诸多领域。这些优秀传统文化对于人的思维方式、思想观念以及行为模式等都有着深层次的影响。在继承基础上的创新既源于中华文明面对转型期社会环境内在转换的需要，也源于应对外来文化冲击。中华文化必须在继承中创新、发展。继承中国优秀传统文化的优良基因，对优秀传统文化的深入挖掘，使之成为新时代鼓舞人民前进的精神力量。同时，对于优秀传统文化，需要进行理性的分析、批判的继承，推陈出新，将中华优秀传统与当代中国建立新的社会主义民族国家的需求相结合。

一、研究意义

我国优秀传统文化是中华民族凝聚在一起的强大精神动力，民族的复兴必然伴随着文化的繁荣昌盛。文化的发展是社会主义事业的重要组成部分，关系到社会主义现代化能不能实现，而我们优秀传统文化的继承与发展问题，又是社会主义文化发展的重要组成部分。转化和创新优秀传统文化，既是对中华优秀传统文化的转化与发展，也是推进社会主义先进文化发展的重要标志。只有重视文化转化，才能延续和保持中华文化的根，才能源源不断地从优秀传统文化中吸收养分。

优秀的传统文化是中国发展的内在动力和精神推力，我国优秀的传统文化可以与社会实践相结合转化成为符合社会和人民大众需要的社会主义新型文化，同时我国的优秀传统文化还可以借鉴吸收先进的外来文化，使我们的优秀传统文化面向未来、面向世界。

弘扬优秀传统文化符合市场经济的需要，弘扬优秀传统文化也是社会文化建设的需要。文化是民族的标志，文化是民族的灵魂，文化创造了希望，文化促成了发展，文化使人民凝结。弘扬优秀传统文化是社会道德建设的需要，让全社会沐浴在优秀传统文化的阳光之中。

二、研究现状

国内外关于文化转化的著作和文章的研究角度多种多样。20 世纪 80 年代德国学者马克斯・韦伯的《新教伦理与资本主义精神》传入我国，让世人重新审视中国优秀传统文化。国外的新儒学学派根据受儒家文化影响的传统东亚地区经济的发展现状，指出了中国优秀传统文化是社会改革和发展的内在动力和强大推力，对现实社会有着积极的影响。美国著名学者赖肖尔、克雷格在其合著的《东亚文明：传统与变革》一书中，对中国优秀传统文化大加赞赏和肯定，日本学者池田大作与英国历史学家阿诺尔德・汤因比在《展望二十一世纪》中指出 21 世纪将是中国的世纪，是中国文化的时代；罗斯蒙在其所著的《一面中国的镜子》中提出用中国传统的儒家文化中有关人的理论和“仁爱”来弥补西方文明中关于人权的观念；罗哲海在其所著的《轴心时期的儒家伦理》中认为中国的传统儒家思想是古代世界范围内最早的启蒙运动，是古代社会世界文化的代表，哈佛大学的杜维明等学者所著的《东亚现代性中的儒家传统》指出正确理解和看待中国优秀传统文化的现实意义和积极作用，对中国优秀传统文化给予了积极的肯定，托马斯・弗里德曼在其新著《曾经的辉煌》中肯定了中国优秀传统文化在世界文化中的地位和积极作用。

我们国内关于文化转化的著作和文章的研究从哲学传播学、社会学、人类学、历史学、文学和社会学等角度来研究文化转化的问题。目前在我国具有影响力的观点是从文化的层次、功能以及综合视角对文化进行理解。

国内比较早有梁漱溟在其所著《东西文化及其哲学》一书中，将西方的非理性主义和中国传统哲学思想相结合，对东西文化加以比较，从客观的视角关照中国优秀传统文化。汤用彤所写的《评近人文化之研究》、张君劢的《明日之中国文化》都表明对待中国传统文化要正确评判，取其精华，去其糟粕。影响较大的著作有张岱年先生所著的《中国文化与文化争论》，他提出了要从正面肯定中国优秀传统文化的积极作用；方克立的著作《走向二十一世纪的中国文化》展示了在新的时期、新的时代中国文化的发展前景。

文化转化方式的研究著作有熊斌的《中国优秀传统文化的电视转化方式研究》、康永久的《优秀传统文化的现代教育转化》、卢德生的《民族文化转化中的社会教育运行和创新研究》、王润平的《当代中国家庭变迁中的文化转化方式探析》等都是关于文化的具体的转化方式领域的研究，包括对教育、语言文字等载体和媒体等方式的分析、研究。

关于地方文化转化的书籍有谢重光的《闽台客家社会与文化》，以闽台文化为研究重点和中心，以客家人的文化、语言、风俗习惯、音乐和建筑等不同方面论析了闽台文化之间的转化关系。和力民所著的《浅析东巴文化的转化》、张燕清的著作《福建文化生态与历史文化转化》等书籍。

关于文化个体转化和具体的文化形式的研究的优秀著作有张昕的《当代美术教育与地方本土文化的转化》，陈婕所写的《民族传统体育文化的转化方式和途径》、熊文颖的文章《农耕体育文化转化的变迁与当代危机》以及罗雄岩所著的《试论中国民间舞蹈的文化转化》等。

关于少数民族文化转化研究的书籍有赵斌的《贵州民族优秀传统文化的转化》，贾钊、欧东衢和闫起磊合著的《千年布依村寨的文化转化之忧》，赵世林的《云南少数民族文化转化论纲》以及吴爱月所著的《侗族传统教育与文化转化》等优秀著作。

三、研究方法和研究手段调研

历史文献分析方法：收集优秀传统文化转化研究和文化建设方面的相关著作和论文资料，力求做到研究的准确性和规范性。

比较分析法：通过对照转化优秀传统文化的实例分析，进行比较、分析，去伪存真，找出共同点和解决办法。

案例研究法：采用案例研究法，分析地域转化优秀传统文化的实例，分析对项目研究的启示。

在分析我国优秀传统文化转化现状和面临的危机的前提下，提出我国优秀传统文化转化和创新建设的具体措施和办法，解决如何系统地进行优秀传统文化和创新建设，完善我国优秀传统文化转化和创新的路径。

本文的创新点是在前人研究的基础上，结合我国目前经济社会发展现状和我国优秀传统文化转化面临的危机，通过对国内外一系列关于优秀传统文化研究成果的分析，对优秀传统文化的转化和创新建设进行具体论述，分析优秀传统文化转化和创新建设目前所面临的困境和原因，提出了优秀传统文化转化和创新建设的研究路径和可行性措施，大体上从建立和完善优秀传统文化的利益导向和创新、政策保障和创新、传播和创新三方面阐述，研究并提出完善我国优秀传统文化转化和创新实现的具体路径。

四、研究目标和基本内容

中华传统优秀文化转化与创新研究在“弘扬中华传统文化精粹，创新中国文化传播”的主题理念指引下，研究转化和创新中华优秀传统文化的重要历史意义、现实意义；中华优秀传统文化转化的现状；中华优秀传统文化转化和创新的实现路径。

通过对中华优秀传统文化转化的现状进行分析，追寻我国探索转化优秀传统文化的历史，展示我国在转化优秀传统文化方面的成就，同时找到转化和创新优秀传统文化所面临的问题、困难以及所形成的主要原因。重点探索中华优秀传统文化转化和创新的实现路径，通过参考和具体分析大量的文献和数据，提出相应的解决办法。

中华民族和中国人民在修齐治平、尊时守位、知常达变、开物成务、建功立业过程中培育和形成的基本思想理念，如革故鼎新、与时俱进的思想，脚踏实地、实事求是的思想，惠民利民、安民富民的思想，道法自然、天人合一的思想等，可以为人们认识和改造世界提供有益启迪，可以为治国理政提供有益借鉴。转化发展中华优秀传统文化，就要大力弘扬讲仁爱、重民本、守诚信、崇正义、尚和合、求大同等核心思想理念。中华优秀传统文化蕴含着丰富的道德理念和规范，如天下兴亡、匹夫有责的担当意识，精忠报国、振兴中华的爱国情怀，崇德向善、见贤思齐的社会风尚，孝悌忠信、礼义廉耻的荣辱观念，体现着评判是非曲直的价值标准，潜移默化地影响着中国人的行为方式。转化发展中华优秀传统文化，就要大力弘扬自强不息、敬业乐群、扶危济困、见义勇为、孝老爱亲等中华传统美德。中华优秀传统文化积淀着多样、珍贵的精神财富，如求同存异、和而不同的处世方法，文以载道、以文化人的教化思想，形神兼备、情景交融的美学追求，俭约自守、中和泰和的生活理念等，是中国人民思想观念、风俗习惯、生活方式、情感样式的集中表达，滋养了独特丰富的文学艺术、科学技术、人文学术，至今仍然具有深刻影响。转化发展中华优秀传统文化，就要大力弘扬有利于促进社会和谐、鼓励人们向上向善的思想文化内容。

推进文化创新，激发传统文化的活力。继承与创新中华优秀文化的根本目的就是服务于人民，即通过不断提升国民的精神生活质量和文明程度从而增加国民的幸福感。通过推进文化创新，激发传统文化的活力。发挥中华文化引领风尚、教育人民、服务社会、推动发展的作用。树立新的文化发展理念，把握文化发展规律，深化改革与转变发展方式、调整产业结构相结合，形成完善的文化创新体系，运用先进科技手段推进创新，使新型文化产品在市场上占有重要地位。

提升中国文化的国际影响力，提高影响力、竞争力和吸引力。近四十年的锐意改革，中国在经济上创造了令世界瞩目的成果。在国际舞台上，中国正在越来越多地参与国际事务和国际争端的处理。中国秉承的价值观对全世界都有着重要的影响。提升国民的文明程度，增强传统文化的亲和力和吸引力。与此同时加大文化开放的程度，广泛吸收借鉴国外优秀文化成果，以民族文化为主体，立足本土的现实实践和持续发展的需要，学习借鉴有利于促进我国文化建设和丰富我国人民文化生活的成果，引进有利于发展我国文化事业和文化产业的经营管理理念和创新形式，在不同文明的碰撞和交流中吸收营养，推动中华优秀传统文化的现代化转型，提高中华优秀传统文化的影响力、竞争力和吸引力。

结　语

本文通过对中华优秀传统文化转化的现状进行分析，追寻我国探索转化优秀传统文化的历史，展示我国在转化优秀传统文化方面的成就，同时找到转化和创新优秀传统文化所面临的问题、困难以及所形成的主要原因。重点探索中华优秀传统文化转化和创新的实现路径，通过参考和具体分析大量的文献和数据，提出了相应的解决办法。主要从优秀传统文化转化的利益导向和创新、政策保障和创新、传播和创新三个方面为主要研究内容，针对我国优秀传统文化如何更好地转化并创新进而走向世界提出见解和措施，加强优秀传统文化转化和创新建设的规范化、合理化，形成特有的文化转化传播体系。促进优秀传统文化的不断发展壮大，与时俱进。

要继承与创新优秀传统文化，既是民族发展的需要，也是时代的要求，两者相辅相成，在创新中继承，在继承中创新。几千年来，中华文明绵延不绝靠的就是中华民族在创新中继承与发展。善于挖掘和学习外来文化，在交流碰撞中包容和吸收其精华，不断为完善本民族文化注入新鲜血液。要有选择地继承和创新优秀传统文化，传统文化总有其局限性，精华与糟粕共存，保护继承传统文化的过程也是一个扬弃的过程。文化创新是转化优秀传统文化的关键，国际社会竞争的背后是不同文化的竞争。传统文化在飞速发展的现代社会中如果不加以珍惜，任其自生自灭，那么其存在的空间越来越少，也会阻碍国家和民族的发展进步。优秀传统文化的精神瑰宝，需要得到充分的发扬和利用。

参考文献

[1] 张岱年，方克立.中国文化概论［M］.北京：北京师范大学出版社，1994.

[2] 邵汉明.中国文化研究二十年［M］.北京：人民出版社，2006.

[3] 董平.中国优秀传统文化与现代化［M］.北京：中国政法大学出版社，2001.

[4] 王新婷.中国优秀传统文化概要［M］.北京：中国林业出版社，2004.

[5]〔美〕埃斯特·潘.中国的软诱惑［J］.外交（Foreign Affairs），2006（5）.

[6]〔美〕塞缪尔·亨廷顿.文明的冲突与世界秩序的重建［M］.北京：新华出版社，1998.

[7] 罗长海.企业文化学［M］.北京：中国人民大学出版社，2006.

[8] 吴文盛.企业核心竞争力的文化根源［M］.北京：中国经济出版社，2006.

[9] 王新建.论对中国传统文化的继承和创新［J］.山西高等学校社会科学学报，2004，16（4）.

[10] 鲁谆.面对经济全球化的中华文化［J］.中国国情国力，2010（10）：2.

[11] 赖芳.中华优秀传统文化转化与高校的文化责任［J］.贵州社会科学，2017（6）：82-86.

[12] 郗戈，董彪.传统文化的现代转化：模式、机制与路径［J］.学习与探索，2017（3）：21-24.

[13] 中共中央关于深化文化体制改革推动社会主义文化大发展大繁荣若干重大问题的决定［J］.求是，2011（21）.

[14] 张勇.浅论中国传统文化的历史地位及对民族精神形成的作用［J］.商业文化（学术版），2008（6）：107.

[15] 王艳芳，陈效义.中国传统文化的转化与超越［J］.运城高专学报综合版，1997（5）.

[16] 郑琴琴.百家讲坛的“热”与“冷”［J］.新闻世界，2009（12）.

[17] 周仪，蜀鹤乐.中国传统文化与21世纪世界文化的格局［J］.广西大学学报（哲学社会科学版），2006，28（2）：86-90.

养正修能，以文化人
——浅谈深化高职院校文化育人的途径

黄林成

摘　要　中国优秀的传统文化中蕴含着丰富的育人智慧，在党的十八大、十九大相继提出“完善职业教育和培训体系”“落实立德树人根本任务”“建设教育强国是中华民族伟大复兴的基础工程”的新形势下，加强高职院校的文化育人功能，增强师生文化自信，具有非常重要的社会意义。本文将结合高职院校的特点，从构建“养正修能”与“以文化人”双措并举的两个维度来探讨文化育人的实施途径。

关键词　传统文化、职业教育、养正修能、文化育人

作者简介
黄林成，广东水利电力职业技术学院，讲师。

党的十九大报告明确指出：“建设教育强国是中华民族伟大复兴的基础工程。”高职院校承担着培养与社会接轨人才的重要任务，教授技能、满足社会需求的同时，更要秉承十八大报告提出的“立德树人”的育人任务。文化是一个民族的精神和灵魂，而高职院校立德树人，离不开文化的熏陶滋养。中国文化中饱含着非常丰富的哲思、智慧，美国学者怀特在《教育目的》中提到：“没有人文教育的技术教育是不完整的。”[1]高职学校的教育应该有着文化的滋养，传承中华优秀传统文化的精神，凸显文化育人特色，服务立德树人根本。聚焦主题，创新形式，搭建平台，进一步增强师生文化自信，培养德才兼备的高素质人才，现就高职院校“养正修能，以文化人”的治学理念和途径谈几点看法。

一、高职院校文化育人的特点

高职院校文化具有明显突出的育人功能。随着社会经济的发展，市场对技能型人才的需求也变得迫切，招到技能熟练、专业对口的人才更是企业的急需，高职教育更是具有很强的职业属性，

把技术技能作为学生学习的当务之急，没有了唯分数论的压力，没有了分数的风向标，追求教育的个性发展，教师课堂教学的方法和目标也变得更加灵活多元，一定程度上忽视了对学生道德的培养与熏陶，文化素质、道德操守处于模糊边缘的状态，难免发生重技能轻文化的“功利化”倾向。高职教育不仅仅是简单批量模式下的专业技能人才培育基地，也应该肩负起塑造灵魂和培育人格的终极使命，这是一个学校保持永久活力的关键所在。

从高职院校的学生主体来说，学生经历过高考，经过中学系统的学习，有一定的理论知识和学习方法。他们普遍自控能力不强，学习动力不足，学习目标不明确，高考分数不高。相对本科院校，高职院校学生学习基础较为薄弱，但他们思维灵活、动手能力强。因此，一方面，高职院校学生学习基础薄弱给高职教学工作带来一定难度。另一方面，高职院校学生由于高考成绩不理想造成学生心理存在挫败感，同时，高等教育氛围相对宽松，造成学生学习、思想的懈怠，这也给高职学生管理工作者带来困难。在当今社会迅速发展的背景之下，全面掌握新时期高职院校学生的特点，不断加强高职院校学生的价值观、道德人文素养等方面的塑造，养正修能，文化育人。在高职院校进行文化育人应当是一项基础性的工程，将文化育人贯穿于人才培养全过程，发挥文化育人在高职院校创新发展中的支点撬动作用来系统推进。

二、高职院校“以文化人”与“养正修能”双措并举的必要性

高职学生没有了学习成绩的压力，容易在思想上放松警惕和对自我的严格要求，在目前网络媒体资讯的冲击下，接受知识也存在追求娱乐化、碎片化的内容，对国学中的优秀传统文化知之甚少，对于传统文化中的大义精神也缺少感悟触动，造成对品德修养、道义担当、责任情怀少有思考。同时，学生对于文化育人的教育形式也产生了更高的要求。传统的教育方式往往过于“生硬”和“直接”，学生的接受度和认可度不高。有的文化教育活动缺乏充分的设计和论证，没有内涵，流于形式，不符合学生的期待，育人效果差。

“染于苍则苍，染于黄则黄。”学校的道德风尚、文化价值取向必然影响学生的人文与道德素养。从大的方面说，学校文化育人工作必须培育和践行社会主义核心价值观，形成有利于弘扬社会主义核心价值观的实际氛围与场景，更好地带动学生形成良好的道德风貌，让做人与学技相互促进。在小的方面，高职院校更要充分挖掘自身的办学历史和文化积淀，形成特色鲜明的校园文化和精神。

教育的目的在于培育既有知识技能又有人文素养的真正的人。将传统文化的优秀基因植入到学校德育教育与管理中，培育具有中国情怀、道德修养的现代公民。在优秀的传统文化教育熏陶里，以“养正修能”作为“以文化人”的主线，以“致良知”和“知行合一”践行社会主义核心价值观，有效协调“教书”“育人”的关系，逐步形成“养正修能”“以文化人”相融相促的文化育人模式。让学生拥有“铁肩担道义”的社会责任感，兼具“小家大国”的民族情怀，在追求自身技艺精进的同时又具有道德人文修养，是我们高职教育中文化育人的着力点。

三、高职院校文化育人的实施途径

（一）文明多样的校园文化活动

习近平总书记在全国高校思想政治工作会议上指出，“要更加注重以文化人以文育人，广泛开展文明校园创建，开展形式多样、健康向上、格调高雅的校园文化活动”[2]。高职院校开展的文化育人校园活动，要结合学生的特点以及教学内容，在文明多样的形式下，让学生对传统文化有深入的了解和感触，吸收优秀文化中的精神，并真正与自身做人、做事、学习经验相结合，从而带动自己、身边人等，形成良好的学习践行氛围。

通过举办文艺会演、读书节、艺术作品展等目的性、实用性、操控性较强的活动，形式多样、内容丰富，使校园文化充满生机与智趣。开展校园文化活动可以借助宣传栏、展板、广播站、学校网页、微信公众号、学校阅览室等平台。借鉴传统的教育模式，利用节日、纪念日等特殊时机开展教育活动。采用模范人物报告会、时事热点问题辩论赛、主题演讲比赛、红歌合唱比赛、书画摄影比赛及手抄报板报展览等能够让学生广泛参与的教育实践活动，激发学生的爱国情怀，使学生的道德观念内化于心、外化于行，提升学生的品行修养和人文素质，达到文化育人的良好效果。

再者，加强拓宽志愿者队伍，缔造志愿者校园文化；深入社区，开展文明服务活动；走进困难家庭，对困难学生开展帮扶活动，营造浓厚的志愿服务文化氛围，形成了奉献他人、提升自我的良好风尚。创设对学生有带动引领作用的学生社团，例如创业社团、爱心社团、技能实践社团等，从而激发学生的创新热情，激励学生把所想所学实施应用，也在一定程度上陶冶了学生的职业情操和人文素养。在学校对优秀社团组织的带领引导下，发挥社团在学校文化建设中的承载示范作用，将社团活动作为学生了解社会、反思自我、思考人生、提升修养的窗口。同时，学校以发展创新精神和实践能力为重点，积极引导学生将知识、能力内化为素质，使学生在思想和行为上发生显著变化，形成全校范围内积极进取、关注社会民生的良好风貌。

（二）加强师德师风建设，引领家长参与，开展家校共育

学校不仅是传授知识，更是培养学生人格品质、道德素养的地方。教师是学生直接的引路人，传道授业解惑的同时更要注重对学生人格养成上潜移默化的影响。对学校而言，以德育人、以文化人的同时要以更高的道德和人文标准来规范老师。引导教师身在课堂、心在课堂。推动专业教育与德育、人文教育紧密结合。关注价值观念的渗透和影响，强化适应时代发展的专业知识教育，强化课程育人功能。以教师专业化为导向，强化实践取向，确保知识文化育人有举措、有成效。

加强对教师的系统培训，特别是班主任和德育教师，培训不仅包括传授教书授课的技能，更要涵盖优秀传统文化中经典哲思与精神，融会贯通，用“生命感动生命的方式”来影响、带动我们学生思想观念认识的转变。将师德师风建设作为贯穿落实立德树人根本任务和推进“以文化人”的关键支点。注重发挥先贤名师与师德楷模的示范引领作用，就校园文化中涌现出的师生典范，做好宣传示范工作，带动更多的老师尤其是青年老师坚持以德施教和文化育人。

苏联著名教育家苏霍姆林斯基说：“家庭在塑造个人成长的诸多因素中排名第一。”[3]学校教育中，更要发挥家庭在塑造学生上的天然优势，在道德品行、文化素养的教育中从引导家长着手。在应试教育的大环境下，在家长中间一定程度上存在“重学习成绩、轻人格培养”的倾向，把孩子搞好学习、找到理想工作作为培养孩子最重要的目标，而孩子的价值观念、人格素养、文化底蕴等不甚重要。这些观念上的认知偏颇是学生在德行素养培养上的一个盲区，学校在开展文化育人的活动中，多主动与家长沟通，调动家长参与的积极性。通过开展有家长参与的主题班会、座谈会等活动，请家长结合自己的成长、奋斗、工作经历谈谈自己的人生感悟等，通过学生与父母的密切沟通、表达感恩之情，在情感的相互共融感染中激发学生对自我努力的决心，也为学生践行传统文化的优良品质提供了更切实可行的保障。通过学校、班级、老师、学生、家长的平台，利用较多的资源，建立长效机制，实现文化育人的资源共享。

（三）开展以弘扬传统文化为主要载体的课程

学校围绕人才培养的核心任务，始终紧盯教育教学。专业课的学习里面，要重点

提升学生专业技能方面能力的培养以及对精湛技艺追求精神的培养。以知识文化技能传授为基础，在夯实学科知识中增强文化自信，建设有深度、有温度的课堂。

学校德育课程是学生文化育人的重要阵地。改变传统的灌输式教学模式，开展以亲身体验活动为载体，通过体验产生内心身体感受，情绪情感，并用语言来表达分享，以此内化体悟产生行为动力的体验式德育教学模式。大力开展包括常规德育课、素质拓展课以及创业课为主题的体验式活动，根据学生的身心特点及不同阶段的问题及需求，在体验式课堂中根据内容需要分别设计相关体验式主题活动，通过团体辅导、拓展训练及课堂小活动等方式重塑学生心灵、震撼学生心灵，通过课上教学引导学生在课下自觉内化素质，规范行动，有效落实德育目标，并最终实现传统文化在精神、行动中的引领作用，形成完善的文化育人体系。

四、结语

在当今高职院校文化育人的教育中，养浩然正气才具现实意义，文化育人才能获得生机活力。培养“为民族复兴而学达天下，为社会进步而立德至善，为终身发展而博雅笃行，为团队使命而恪诚允公”[4]的时代公民。在潜移默化的精神追求中，感召广大学生修身齐家、团结协作，共同缔造精神家园。

参考文献

[1] 付晓东，李德成，张树国.“以人为本”的和谐大学校园文化建设初探[J].大庆社会科学，2007(4).

[2] 习近平.思想政治工作贯穿教育全过程[C].http: //www.360doc.com/content/16/1208/22/4989162_613128718.shtml

[3] 李艳菊.追求卓越，臻于至善[N].中国县域经济报，2010(3).

[4] 宋广文.文化兴校，以文化人——读《聆听文化生长的声音》有感[J].现代教育，2012(8).

塞乎天地，润德无声
——于传统文化教育中筑建青年一代文化自信

郭敏飞

摘　要　文化是一个民族的血脉，是人民的精神家园。习近平总书记在十九大报告中多次强调“文化自信”，这是“一个国家、一个民族发展中更基本、更深层、更持久的力量”，并指出“要以培养担当民族复兴大任的时代新人为着眼点”。青年一代始终代表着一个国家民族的未来，我国悠久的传统文化和道德体系正是我们重塑当代大学生民族精神的文化之源，如何在传统文化教育中全面筑建青年一代的文化自信成为一个新的课题。

关键词　文化自信、青年、传统文化教育

作者简介

郭敏飞，浙江金融职业学院马克思主义学院讲师。

习近平总书记在十九大报告中提出“文化自信”，并指出这是“一个国家、一个民族发展中更基本、更深层、更持久的力量”。这种源于文化自信的力量，并非是指纠缠于文化史或某种理论观点上，而在于实现中华民族伟大复兴的中国梦这一宏伟目标上。青年一代始终代表着一个国家民族的未来，他们具有什么样的价值观不仅关系到个人的发展和前景，还关系到民族的命运和前途，关系着中国梦的最终实现。

一、文化自信的内涵与表现

一个国家、一个民族的兴盛，总是以文化繁荣兴盛为支撑的。习近平指出：“中华民族有着深厚文化传统，形成了富有特色的思想体系，体现了中国人几千年来积累的知识智慧和理性思辨。这是我国的独特优势。”在五千多年文明发展中孕育的中华优秀传统文化，在党和人民伟大斗争中孕育的革命文化和社会主义先进文化，积淀着中华民族最深层的精神追求，代表着中华民族独特的精神标识。

习近平指出：“中国优秀传统思想文化体现着

中华民族世世代代在生产生活中形成和传承的世界观、人生观、价值观、审美观等，其中最核心的内容已经成为中华民族最基本的文化基因，是中华民族和中国人民在修齐治平、尊时守位、知常达变、开物成务、建功立业过程中逐渐形成的有别于其他民族的独特标识。”

“越是民族的，越是世界的。”中华优秀传统文化的内在特质可以为人类文明的和谐共存提供思路。以诗书礼乐浸入到整个社会，建立一个人伦有序的文明社会，以实现“郁郁乎文哉”的文明彰盛之美。这种特质已经过历史的洗涤与考验，在不同的时代都焕发着光彩。即便在科技高度发展的今天，如果没有文化的内在引领，科技的发展就失去了方向，人类也终将沦为物质的奴隶。

“文化自信”既是理念的自信，也是实践的自信。前者包括了价值观念、思维方式，后者包括了生活方式与习俗人情。文化自信是将中华民族在长期的生产生活中总结出来的文化知识和理念总结，在生活中活生生地运用与升华，是以人为载体的传承与创新，并“转化为人们的情感认同和行为习惯”。

“文化自信”维护的中国文化的主体性，不是抱残守缺、闭关锁国，把传统等同于“复古”“守旧”；更不是“去中国化”、毁古搬洋，盲目跟随，把传统一概视之为“糟粕”“落后”。而是训练一种具有审美基础的辨别能力与鉴赏能力，不盲目跟随。增加文化自信，需要以了解中国的优秀传统文化为前提，有了了解，才会真正的认同，有了认同，才会懂得尊重，才会有自信。这是一个教化的过程。因此文化自信强调的是人的自我提升与完善，强调的是天人合一的和谐关系，既尊重天地万物，又保持人的主体性、独立性与能动性。在这个前进过程中，人是最为核心的根本。

二、传统文化教育是实现文化自信的必要途径

文化是一个民族的血液，是一个民族的灵魂，是一个民族在长期生活中总结出的认识世界的智慧结晶。文化存，则民族存；文化亡，则民族亡。从中华优秀传统文化中汲取智慧养分，它是理想，是信念，是价值。我们说，需在青年学子中培育和弘扬民族精神，“固本”方能“培元”，“返璞”方能“归真”，在浮躁中安身立命，保持一份稳重。《易经》中云：“观乎人文，以化成天下。”所谓“人文化成”，是以“文化”来“化”人，即是通过教育来改变人性，在实现自我提升与完善的过程中，形成“文化自信”的力量。因此，教育是实现文化自信的必要途径。

（一）中华优秀传统文化教育的价值

传统文化有着丰富的内涵与极强的生命力，以中华优秀传统文化教育来逐渐提升青年一代的文化自信，首先需要我们重新认识中华优秀传统文化对于塑造青年学子的政治信仰、理想信念、价值取向、责任担当的教育价值。

1. 自强不息、刚健有为的进取精神

自强不息、刚健有为是中国传统文化思想的主旋律，也是中华民族历经磨难而不倒，中华文明历经浩劫而传承的重要因素。孟子曰："吾善养吾浩然之气。"这种"气"是一种主观的精神状态，"至大至刚"，"塞于天地之间"，由内心"集义所生"，不待外求。后人把"浩然之气"理解为一种至高的正气和节操。这种浩然正气对青年学子将来成长成才、建功立业无疑具有重要意义。即便面对不同的挫折，都能生生不息、努力拼搏。正如孟子所言："故天将降大任于斯人也，必先苦其心志，劳其筋骨，饿其体肤，空乏其身，行拂乱其所为，所以动心忍性，增益其所不能。"对逆境和忧患的体验往往是人生的一笔宝贵财富。无论在乱世还是在太平盛世，都需要自强不息。这股自强不息的浩然正气所带给我们的是一种"大节"，崇尚气节，培育了中国人的正义感和是非心，并逐步凝结巩固起了对祖国的深厚情感和民族气节。孟子所谓"乐以天下，忧以天下"，荀子所谓"成天下之大事"，范仲淹所谓"先天下之忧而忧，后天下之乐而乐"，顾炎武所谓"国家兴亡，匹夫有责"等，都表现了胸怀天下的道德信念。

2. 贵和尚中、和而不同的和谐精神

"贵和尚中"的精神源于我国古代天人合一的思想观念。《论语・学而》中云："礼之用，和为贵。"《易传》云："刚健中正，纯粹精也。"就是要人们效法天，在行为上允当适度，无过无不及。传统的和谐思想主要主张国家之间、民族之间、人与人之间和谐共处，不同文明之间和谐共存，人与自然和谐共生。"贵和尚中"是自信的展现，乃君子所为。对于一个视野狭隘、激进冲动的冒失的人来说，是很难做到"和而不同"的。《中庸》云："君子中庸，小人反中庸。君子之中庸也，君子而时中；小人之反中庸也，小人而无忌惮也。"这里以"时中""用中"即随时处中，依条件的不同随时选取适当的标准，而不陷于某一极端，随情况的不同而采取确当的方法，权衡利弊，心胸豁然。"和"既是人际行为的价值尺度，又是人际交往的目标所在。青年人往往容易冲动偏激，面对不同的思潮，缺乏辨别、理解和包容。以诚信宽厚仁爱待人是为了"和"，恪守本分互不干涉、"井水不犯河水"也是为了"和"，"和而不同"、求同存异、谋求对立面的和睦共处是一种"和"。

《易传》中“天下殊途而同归，百虑而一致”，说的就是会通之理。“海纳百川，有容乃大。”青年学子在学习中不应仅仅局限于专业领域，还要扩大视野，在应对各种复杂的事情，便会多一些从容，多一些理性。

3. 仁义为本、崇德润物的道德情怀

仁是儒家最高的伦理和政治范畴，也是最高的哲学范畴。仁是宇宙万物、天地人的共同本质，仁既是人德也是天德。“仁之美者在于天。天，仁也。”儒家认为人心本仁本善来之于天心本仁。“仁，人心也；义，人路也。”“义者，宜也”，“义”是依据仁心指明的正路，是人依据仁善本心在具体的社会生活中表达的适宜、正当的精神状态、道德原则与行为方式。孟子云，“恻隐之心，人皆有之，羞恶之心，人皆有之”，而“恻隐之心，仁也，羞恶之心，义也”，也就是说，仁义心，乃是人类潜伏着的共同本性。所以仁义，就是既对人有爱，又对事有度。儒家对于生命的思考，并非不知节制地泼洒善意，他们在“依于仁”的道路上，又给仁以设限，那就是，在正义范围内的施仁。

（二）中华优秀传统文化教育的内容

法国社会学家涂尔干在谈到欧洲教育思想和教育体系的演进时曾经说，“教育本身不过是对成熟的思想文化的一种选编”。也就是说，教育在本质上是对人类所创造的思想文化的自觉传承活动，这个传承不是全盘的，而是选择的，是在对各种思想文化进行一番审视、选择和编纂。对传统文化教育的把握亦是如此，需要在对传统文化的反思和再阐释基础上，有所“选择”，使之符合我们这个时代的精神气质和审美。

传统文化包含的内容极其广泛，但这并不是说其完全没有规定性，是不可把握的。首先，中国传统文化的核心是中国人的内在的精神生活形式，包括价值观念、审美情趣、思维习惯等，比如经典是国学最基本、最基础的内容，经典是传统中国人的基本修养；其次，中国传统文化的内容往往也以外在的物态的形式来表现，涉及人们衣食住行的风习和行为的规范等，比如服饰建筑、传统节日等。这种精神和物质的双面性，也使得传统文化既是隐含的，又是可显现的。既可以是浸润在人的精神世界中的一种品格、一种修养、一种气质，甚至是一种品味、一种境界，但也可以具象为具有实践技能性的书法、绘画、音乐、篆刻、武术、服饰等，是可以通过一定的训练和实践培养的。孔子曰：“志于道，据于德，依于仁，游于艺。”将对道、德、仁的抽象追求，落实在“艺”的境界追求上。

而我们对传统文化教育的理解，往往存在一种误区，就是仅仅将其当成一种高深的知识系统，忽略了能力培养，这种偏颇，容易导致传统文化教育沦为泛泛空谈，纸上谈兵。但相反的，若是过于注重技能的培训，忽视文化作为精神追求的内涵，则容易导致机械化、表象化。因此我们开展中华优秀传统文化教育的内容，不仅仅是理论的、学术的、精神的，同时也是技术的、实践的、能力的。不可“两耳不闻窗外事”式的呆板，不可只注重理论，亦不可只侧重技能训练。须两手同时着力，让青年在可以见到可以触摸的具体环境中体会传统文化的魅力，认同民族文化的积极精神。

开展中华优秀传统文化教育，首先要系统研制、开发相关的教育课程。以通识课和选修课的形态，进入青年学子的课堂，成为教学内容，并加强课外课内的呼应，用现代思维对传统文化下一番推陈出新的工夫。其次，我们以中华优秀传统文化为青年学子的校园文化立魂。校园文化是教育软实力的一种表现形式，从侧面反映出各级学校的文化建设程度，校园文化能够很大程度上展示学校的创造活力。将中华优秀传统文化的精神、理念渗透到学校建设的各个领域，使得校园环境、教育行为的细微处浸润中华优秀传统文化的精神，展示出历史和时代的结合。第三，要将中华优秀传统文化教育与青年学子的日常生活相结合，包括家庭生活与社会生活。传统文化教育在道德方面的培养，不仅仅是课堂上教师的长篇大论，更体现为日常生活中的一言一行。因此，应当切实提倡把传统道德贯穿于平日的生活，与家庭教育、社会教育对接，让青年学子们更切实认识到传统文化修养、传统道德是寓于日常社会与生活之中的，是具体的、亲切的。

新时代青年们的传统文化教育必须从个人、校园、家庭三个方面全方位渗透，实现立体化教育。教育不止在校园与家庭，也需要全社会共同的努力，在潜移默化中提升青年学子对人生、对善、对美的感受力、鉴赏力、创造力及自我完善的能力，从而达到文化自信。

三、传统文化教育运用过程中的建议

在传统文化教育中，道德情怀的内化标准为“慎独”，是以自我严肃负责为前提的自察与觉醒。《大学》开篇即云：“大学之道，在明明德，在亲民，在止于至善。”其后又言“自天子以至庶人，一是皆以修身为本”。修身的目的在于自我完善，成为道德上的圣人，为治国平天下打基础。“修养乃学问上精密之功夫”，“修”是将所学、所知内化的过程。由于传统文化教育对唤起人内在自觉，激发其文化自信的这一特殊目标，在开展教育实践的过程中，需要把握三个方向。

（一）普及化无盲区

要充分认识到传统文化教育是一项长期的工作，需要循序渐进地开展，不可一蹴而就，更不能一日速成。需将教育的内容分散在青年学子的各个阶段，做到传统文化教育的普及化无盲区。树立一个传统文化教育的正面导向，不故弄玄虚，不妖魔化传统文化，需要对传统文化有一个正确的视角，一个包容的视野。

在日常教学与沟通中，青年学子虽然在幼年时期已经或多或少地接触到中国传统文化，但上升到系统地学习了解，并形成为一种认识，往往要在成年以后。所以传统文化的学习，要从我们的幼儿开始，“从娃娃抓起”，从最初的诗词歌赋到经史子集，从狭隘的国学到广义的文化体系。一个有相当素养的国民，至少对于本国的经典，也有接触的义务。

作为一个致力于传授传统文化教育的一线工作者，我所教学的多数年轻人，他们内心有一种对我们自己的传统文化、传统美学的渴望。我们要做的，是把这种文化认同通过多种的形式，譬如国学讲堂、戏剧表演等寓教于乐地去呈现给他们，重新建立因为一些西方强势文化冲击而被掩盖的传统文化的自信。

（二）生活化无间隙

中国传统文化是源自于中国人特有的衣食住行的生活习惯，源自于我们民族对待自然、对待世界的立场与观点。因此，传统文化教育需要营造一种生活的氛围，在生活中存在着，使用着，才是真正具有生命力的。

中华书局曾有一套出版的书籍叫《中华生活经典》，它从饮食、医学、住宅、设计、礼仪、琴棋书画等生活美学角度，向我们展现了传统文化的高级趣味。这种美学教育，它是一种提升的哲学。因此，我们需要把传统美学教育深入到广大青年的生活中，这对于摒弃低级恶俗有着深远的影响。而“礼”的秩序，是在美学的基础上，教育广大青年要注重德行，“人无礼则不生，事无礼则不成，国无礼则不守”。

同时，对传统节日的继承、发展和弘扬，对于确立文化自信，有着非常重要的作用。这几年，西方的节日，像情人节、圣诞节，甚至万圣节，在我们的青年人心中，其宣传力和影响力，远远高于我们自己的传统节日。对于这种现象，加大力度弘扬传统节日，呈现节日的民俗特色，让更多的青年人了解到属于我们自己的传统节日的美与乐，并且能参与其中。

（三）时代化无代沟

需要借助现代科技传播手段，开拓思维，在继承的基础上创新。将灌输式教育转变为互动式的、参与性强的青年学子愿意接受的教育方式。紧跟时代步伐，无代沟式开展传统文化教育。传统文化教育的内容属于精神层面和物质层面双重的，理论的教学部分之外，更应注重在学习过程中的主动参与、主动思考与主动创造。再加上传统文化教育本身具有耳濡目染、感同身受的特质，更需要教育模式的多样化。

白先勇先生致力于昆曲表演艺术的宣传和推广，他有一出戏，叫青春版《牡丹亭》，《牡丹亭》是明代剧作家汤显祖的代表作，在中国戏曲史上也有举足轻重的地位。之所以用“青春”的演绎方式呈现在舞台，是为了让更多的青年人认识“昆曲”这种传统文化的精髓。可见，我们在建立青年人传统文化的自信时，要合乎新时代的审美观念。

《礼记·中庸》中云：“博学之，审问之，慎思之，明辨之，笃行之。”以学、问、思、辨、行的步骤，揭示了传统文化教育循序渐进的过程。中国传统文化教育是全方位的，是正心诚意的自我教育，是直面心底的灵魂教育，是胸怀家国天下的立志教育。这是一种积极向上的理想，是古代读书人为之奋斗一生的理想追求，也是我们筑建青年一代思想观念、人文精神、道德规范，树立文化自信，实现民族复兴的中国梦的必要途径。

参考文献

[1] 苏勇点校. 易经 [M]. 北京：北京大学出版社，1989.

[2] 朱熹. 四书集注 [M]. 长沙：岳麓书社，2004.

[3] 冯友兰. 三松堂全集（第5卷）[M]. 郑州：河南人民出版社，1986.

[4] 习近平. 决胜全面建成小康社会，夺取新时代中国特色社会主义伟大胜利 [R]. 2017-10-18.

高职院校“文化育人”环境路径的三重维度

程 凯

摘 要 良好的“文化育人”环境在职业院校发展中起着重要作用，要构建高职院校优质的“文化育人”环境，在认识论维度须对高职院校“文化育人”环境特色有正确的认知，在价值论维度须做到“立德树人”“以文化人”“以生为本”，在实践论维度要探索改善高职院校“文化育人”环境的路径依归。只有不断改善和优化高职院校“文化育人”环境，才能为培养高素质人才提供良好的保障条件。

关键词 高职院校、文化育人、环境特色

作者简介
程凯，广东女子职业学院副教授、博士，中国人民大学访问学者。

优质的育人环境在高等教育中占有重要地位，对学生主体意识的塑造、专业知识的学习和人文精神的培养有不可忽视的影响，这对职业院校来说更是如此。在我国的高校体系中，职业院校是其中重要的组成部分，占有高校体系的半壁江山，对我国的职业教育发展做出了重要贡献，但其长远发展和育人环境却面临着比其他院校更多的挑战与困境，如何促进和提升高职院校的文化育人环境，为其整体发展提供动力与支持，在理论研究和实践执行上更值得研究和探索，也更具有时代意义。

一、认识论维度：高职院校“文化育人”环境特色的认知

人的生活与成长离不开环境，正如马克思所说“人创造环境，同样环境也创造人”。[1] 人对环境的依赖或重塑同样也显示出人与环境的双重关系。就我国高校与学生培养的环境来说，其外部环境主要受社会政治经济制度、科技发展、文化传承及管理模式的影响；内部环境则受到文化氛围、教育理念、教育体制、管理体制、教育资

源及学生主体自身等因素的影响，高职院校也是如此。但由于职业院校历史相对较短，在育人环境及人文积淀等方面与本科院校相比，还有较大差距，这就使职业院校的环境建设显得更加迫切。其中文化的积累和传承需要时间的积淀，但对育人又起着非常重要的作用。但高职院校内部分领导和老师对此存在着认识偏差，认为高职院校只需要培养学生的技能和专业知识，忽略了文化对“人的发展”所起到的重要作用，尤其是对人的思想文化和精神需求的涵养、对青年人形成文化品位和文化追求的价值引导起着重要作用。

“文化是民族的血脉，是人民的精神家园。”当今时代，文化越来越成为民族凝聚力和创造力的重要源泉。中华文化博大精深、源远流长，富有独特魅力，是世界文化百花园中的奇葩，越来越成为中华民族发展壮大的强大精神力量。高校是文化传播的主阵地，教育工作者是优秀文化的传承者和民族精神、时代精神的弘扬者。因此，高职院校有理由有职责进一步增强对“文化育人”环境特色的认知，并在实践中做出努力，进一步夯实文化育人的环境基础，为广大青年学生感知文化魅力、增加文化知识、汲取文化营养、提升文化素质、享受文化熏陶创造更好更美的文化育人环境提供帮助，进一步培育和增强青年学生的文化自信，在浓厚纯美的文化氛围中健康快乐地成长。习近平总书记在庆祝中国共产党成立 95 周年大会上曾指出：“文化自信，是更基础、更广泛、更深厚的自信。在 5000 多年文明发展中孕育的中华优秀传统文化，在党和人民伟大斗争中孕育的革命文化和社会主义先进文化，积淀着中华民族最深层的精神追求，代表着中华民族独特的精神标识。我们要弘扬社会主义核心价值观，弘扬以爱国主义为核心的民族精神和以改革创新为核心的时代精神，不断增强全党全国各族人民的精神力量。”[2]“中华文化积淀着中华民族最深沉的精神追求，包含着中华民族最根本的精神基因，代表着中华民族独特的精神标识。”同时，习近平总书记还特别强调“要用中华民族创造的一切精神财富来以文化人、以文育人”。这对高职院校做好“文化育人”教育工作进一步指明了方向。因为高校是弘扬、传承和发展中华优秀文化、推进以文化人、文化育人的主阵地，因此构建高校文化育人的环境和机制是新时期文化建设与文化育人、培育和践行社会主义核心价值观的迫切需要。高职院校对此应当有清醒的认知和勇于担当的职责，做好文化育人的本职工作。

二、价值论维度：在改善高职院校“文化育人”环境中落实“立德树人”“以文化人”和“以生为本”

在高校文化育人、以文化人的实践过程中，“立德树人”是其中核心，对文化育人起着规范和导引的重要价值作用。习近平总书记指出：“高校培养什么样的人、如何培养人以及为谁培养人这个根本问题。要坚持把立德树人作为中心环节，把思想政治工作贯穿教育教学全过程，实现全程育人、全方位育人，努力开创我国高等教育事业发展新局面。”[3]这为高校开展文化育人工作指引了明确的方向，也为我们进一步认识在高职教育中推进文化育人和思想政治工作，落实“立德树人”起着价值指引和传导的作用。

人的成长和发展离不开文化的滋养和熏陶，同样离不开道德的支撑和涵养，青年学生的成长尤其需要这二者的共同培育。“文化”是“道德”的基础，“道德”是“文化”的灵魂，反映到人的身上，一个人需要有文化，但更需要有道德。

大学生的成长，德为立身之本，才为立身之基。德与才的关系，德是前提和灵魂，才是能力和工具。因为道德反映着人的基本素质，是人们的思想观念、政治立场、价值取向、道德情操的行为习惯等方面素养和能力的综合体现，反映着一个人的思想境界和道德风貌。良好的道德素质是促进个体健康成长、社会发展进步的重要保障和基础。[4]在文化育人工作中，加强“立德树人”的价值引领，积极学习社会主义核心价值观，增强道德规范，是青年学生汲取文化涵养中不可缺少的环节，“是因为青年的价值取向决定了为了整个社会的价值取向，而青年又处在价值观形成和确立的时期，抓好这一时期的价值观养成十分重要。这就像穿衣服扣扣子，如果第一粒扣子扣错了，剩余的扣子都会扣错。人生的扣子从一开始就要扣好。‘凿井者，起于三寸之坎，以就万仞之深’”。[5]

在新时期，党的十六届三中全会提出了科学发展观：“坚持以人为本，树立全面、协调、可持续的发展观，促进经济社会和人的全面发展。”其中把“以人为本”作为科学发展观的核心，对于高校来说，就是要求“以生为本”，加强对学生的人文关怀，尊重学生并引导其健康发展。“以生为本”的教育理念要求把大学生看作具有独立个性和特定观念的教育主体，启发引导学生内在的教育需求，调动和激发大学生主动学习的积极性、主观能动性和创造性，使学生自觉树立起科学的世界观、人生观和价值观，形成正确的政治思想素质和高尚的道德品质，从而使他们真正成为合格的社会主义现代化事业的建设者和接班人。[6]“以生为本”的教育理念是高校追求的目标之一，希望通过教育把学生培养成为真正的人，达到马克思主义自我实现理论中所规定的内涵，满足每个人发展自己、实现自我的需要，同时使人的需要和愿望得到满足，实现人的全面而自由的发展。为此，现代职业院校教育的目的不能仅仅局限于传统的“传道、授业、解惑”，而在于把学生从教育对象转变为教育服务的对象，在于培养全面发展的人。不仅要重视学生的权益，尊重学生课程专业的自由选择、个性发展的自由追求和个人创造能力的培养，更要重视“依靠学生来进行教育，认识到学生不仅是受教育者，而且也是参与教育、体现教育价值的主体”。[7]

对于高职院校来说，在落实“以生为本”的教育理念中，更应做到思想上重视，实践上落实，行动上体现，制度上保证，监督中加强，以体现“以生为本”的价值理念。如在具体的校园生活和教育过程中，针对学生生理、心理健康的关照和引导、食宿方面的优化与人性化管理、弱势群体学生的保护、专业课程的设置安排、教学中“以学生为中心”的过程设计、学生社团的服务、就业的多渠道帮助等方面，都是“以生为本”价值理念的多元体现。江泽民同志曾指出：“只有加强综合管理，多管齐下，形成一种有利于青少年学生身心健康发展的社会环境，年轻一代才能茁壮成长起来，要切实保证学生有一个安静、和谐、健康的学习环境。”[8]只有这样的立体构建、多元体现，高职院校良好的文化育人环境才能创建起来。

三、实践论维度：改善高职院校“文化育人”环境的路径依归

（一）建设校园“物质环境”是“文化育人”环境的基础

物质环境作为人赖以生存和生活的基础，对于人的成长和发展具有较大的影响。因为个人活动总是归置于一定环境之内，并受到周围环境的制约。对于高校来说，物质环境，是学校的客观自然环境，即通常所说的“硬环境”，具有客观性、整体性和动态性特征。[9]虽然它对教与学的影响不是第一位的，不起决定性作用，但是独特的校园物质环境能够促进人文环境的发展，并成为吸引师生的原动力之一，如北京大学的图书馆、复旦大学的光华楼等，吸引众多学子慕名前往。校园建筑作为教学活动开展的载体，体现的并非仅仅是物态性展示，实际也体现着一所高校独特的审美价值和追求目标，反映着学校的治学理想，给学子们以人文的熏陶和潜在性的导向，因此在规划和设计上须从本校的办学育人理念、价值导向和专业特色的实际出发，才能构建良

好育人环境的基础。但由于我国高校在扩招过程中面临人数激增的压力，校园建设从匆匆设计到仓促完成，留下了不少遗憾，导致大楼已存在，内涵却缺乏。在此背景下，职业院校新建时大多如此。

作为高职院校，在构建物质环境时应充分考虑到这一点，使之能体现幽雅、优雅和高雅的气质，也能展示时尚特征。

这种各类教学文体建筑设施构成的物质环境，既可以陶冶情操，激发师生的自豪感与凝聚力，也能促进美育修养和心理健康，积极影响学生的行为规范和人格培养，是他们理想的学习与生活环境。

（二）提升校园“人文环境”是“文化育人”环境的重点

校园环境作为教学育人的场所，实际是一个综合性的系统。其中以“人文环境”为核心的校园文化，它本身即是社会文化大系统的子系统之一，承载着人文关怀，是校园主体的创造活动以及在这种特定的环境里所创造的对人们具有教育作用的各种物质财富和精神成果的总和。[10]因为高校教育的目的不仅仅使学生学会技能，服务社会，它更重要的目的是“使人性变得完美，不是靠消除人性，[11]而是要为人性添加一些超越自身的东西，并指引它瞄准比自身更高的目标”，即大学教育既要重视职业技能与人性的完美结合，更要重视人文关怀与人文精神的实践落实。美国教育家杰克逊把充满“人文环境”的校园文化看作是促进学生社会化的非学术过程中的“隐性课程”，因为由师生员工和校园景观等众多要素构成的开放系统，校园文化在与学校师生员工及外界社会进行信息和物质交换过程中，常常强烈地表现出调节约束、集体意识功能和教育导向功能，[12]而这些功能都是以育人为中心的，对人的关注是人文精神的要义所在。但在我国新世纪的社会转型与市场经济发展中，教育功利主义倾向比较明显，教育管理者和师生共谋性地把知识的传承转移到实用价值上，而对人文精神和人格发展不够重视，导致“社会上普遍注重工具理性，轻视价值理性”，[13]这一点在职业院校教学中尤其明显，因为诸多职业院校高喊的口号就是“实用为主，够用为度”，并把这一原则贯彻到课程标准、教学计划、培养目标和教学评估中，工具理性已充分体现，但承载人文精神的价值理性却严重缺乏，这也是导致职业院校人文精神不够丰满的原因之一。加上职业院校大多历史较短，新建校区后虽有大楼，但承载和体现人文精神的附加设施仍然欠缺，老师奔波于新旧校区，课后即离，师生之间离多聚少，仅有年轻辅导员跟班值守，人文交流非常稀缺，工具性实用交流普遍增多。因此，职业院校要提升文化育人环境，夯实人文环境是重要基础，是高校育人环境中不可缺失的品质。

对于高职院校来说，可以增强中华优秀传统文化、革命文化、社会主义先进文化的教育内容，在宿舍、教室、走廊各橱窗展示优秀文化内容，设立专题内容，分期分批展出。同时，开设优秀文化的系列课程，增加文化专业知识和素养，在实践环节，既可举办各类文化内涵的演讲、辩论、征文、参赛等文化赛事，也可邀请文化界代表、专家学者座谈，感知文化氛围和传承，使大学生在人文交流的环境中促进自我成长，自我完善。正如习近平总书记指出:“要重视中华传统文化研究，继承和发扬中华优秀传统文化。实现中华民族伟大复兴的中国梦，必须要有中国精神，而中国精神必须在坚持社会主义核心价值体系的前提下，积极深入中华民族历久弥新的精神世界，把长期以来我们民族形成的积极向上向善的思想文化充分继承和弘扬起来，使之为培育和践行社会主义核心价值观服务，为建设社会主义先进文化服务，为党和国家事业发展服务。”[14]

（三）构建校园“制度环境”是“文化育人”环境的保障

高校作为一种学术组织或事业单位，其本身的运行发展需要制度来支撑和保障。制度不仅是正式的、理性化的、系统化的成文的行为规范，同时也是非正式的、非理性化的、非系统化的不成文的行为规范，如道德、习俗等，它是一系列权利和义务或责任的集合，[15]体现的是以规则为核心的规范性文化。而大学制度是“协调、规范大学组织的各种行为，使其成为一个有机整体，以有效地适应环境的一系列制度安排及运行机制”。[16]在具体的制度内容及分类上，虽然角度不同有不同归纳，总体上包括学校的产权制度、组织制度和管理运行制度，这些制度是否科学、合理、有效，将直接决定着高校的育人环境和办学质量。因为良好的制度环境，不仅体现一所学校管理水平，为教书育人和学术研究提供规范性保障，更能体现它的教育理念和人才培养宗旨，起到凝聚人心、奖优罚劣、保障学校稳定有序运行的成效。作为高职院校来说，由于具有法人实体及事业单位的共同属性，在这方面与其他高校一样也具有建设制度环境的共同职责，但在更具体的内部管理制度上，必须考虑到校园制度构成要素，如宿舍管理条例、学生社团活动、实习见习实践和教学科研等方面，制定出适合院校发展的制度与政策。

（四）彰显校园“特色环境”是“文化育人”环境的品牌

所谓大学特色“是指在一定的办学思想指导下和长期办学实践中逐步形成的独

特、优质和富有开创性的个性风貌”。[17]每所高校在自己的发展过程中，由于历史的积淀和专业独特的人才培养目标都会形成自己的特色，那些良好声誉的特色学校在竞争中具有多方面的优势。高校的特色在长期的积淀和发展中会以一种“特色环境”展示出来，增强它的吸引力与影响力。这种特色环境可分为隐性特色环境和显形特色环境。前者包括独特的办学思想理念、人才目标、校园精神风貌，后者包括独特的校园建筑设计、优秀的教师群体、优质的专业课程等。很显然，从吸引人才和培养人才的角度看，两者都起着重要的影响。因为大学特色环境的形成，不仅有内在的思想和理念来支撑，也有外在的社会环境来影响，是在决策层、主管层、社会各界及师生共同努力下形成的，是从微小到显著、从量变到质变的发展过程。在现状中，职业院校比本科院校发展略显艰难，特色环境一旦形成，也会发挥较大的优势，成为有影响的资源甚至品牌，甚至会成为隐性的有影响力的文化课堂，当它成为一个文化符号传播时，它对学校的显性效果就会彰显出来。对于高职院校来说，促进学生全面发展的办学理念和人才培养目标，独特而优美的校园环境、朝气蓬勃健康向上的精神风貌以及一批优秀的教师，特别是文化系列的专业课程所形成的整体性特色环境，是增加其在社会上显著影响的重要标志，也是其优化文化育人环境中的一个响亮品牌。

参考文献

[1] 马克思恩格斯全集（第3卷）[M]. 北京：人民出版社，1960：43.

[2] 习近平. 习近平总书记在庆祝中国共产党成立95周年大会上讲话 [R].2016-7-1.

[3] 习近平. 习近平总书记在全国高校思想政治工作会议上讲话 [R].2016-12-7.

[4] 编写组. 思想道德修养与法律基础 [M]. 北京：高等教育出版社，2015：8.

[5] 习近平. 习近平谈治国理政 [M]. 北京：外文出版社，2014：172.

[6] 刘向信等. 高校育人新机制探索：情感、激励、嫁接三结合 [M]. 北京：人民出版社，2008：74.

[7] 秦小云. 大学教育管理制度的人性化问题研究 [M]. 青岛：中国海洋大学出版社，2007：123.

[8] 江泽民. 关于教育问题的谈话 [M]. 北京：中央文献出版社，2003：353.

[9] 蒋云尔. 高等院校育人环境自议 [J]. 陕西教育学院学报，1996（1）：13.

[10] 周保平. 高校营造良好育人环境的研究 [J]. 安徽工业大学学报（社会科学版），2005（2）：115.

[11] [英] 约翰·亨利·纽曼：大学的理想 [M]. 徐辉等，译. 杭州：浙江教育出版社，2001：43.

［12］刘向信等．高校育人新机制探索：情感、激励、嫁接三结合［M］．北京：人民出版社，2008：13.

［13］秦小云．大学教育管理制度的人性化问题研究［M］．青岛：中国海洋大学出版社，2007：129.

［14］习近平．习近平总书记在中共中央政治局第十八次集体学习上讲话［R］.2014-10-13.

［15］宋旭红．我国现代大学制度建构的三个层次［J］．辽宁教育研究，2004（10）.

［16］高桂娟．论建立现代大学制度的时机与紧迫性［J］．教育与现代化，2003（2）.

［17］苏智先等．现代大学制度创新研究［M］．成都：四川人民出版社，2008：163.

改革开放以来中国大学文化建设的阶段、特点及基本经验

应金萍

摘　要　通过梳理改革开放以来大学文化建设的研究，提炼出改革开放以来大学文化建设的历程及特点。大学文化初始阶段（1978—1992）以校园文化为标志，自发探索文化育人；大学文化形成阶段（1992—2002）以文化素质教育为标志，系统探索文化育人；大学文化发展阶段（2002—2012）以顶层设计为标志，自觉探索文化育人；大学文化深化阶段（2012—　）以文化育人、文化治校、文化强国协同推进为标志，充分体现文化自信。最后得出大学文化建设的经验：大学文化的传承是古为今用；大学文化的开放是洋为中用；大学文化的坚守是一脉相承；大学文化的创新是与时俱进；大学文化的坚守是立德树人；大学文化的方向是四为服务。

关键词　改革开放、大学文化、文化建设

作者简介

应金萍，浙江商业职业技术学院教授，主要从事思想政治教育研究。

引　言

古人说："大学之道，在明明德，在亲民，在止于至善。"雅斯贝尔斯在《大学的理念》中明确，"大学是一个由学者与学生组成的、致力于寻求真理之事业的共同体"。习近平总书记在北京大学师生座谈会上的讲话指出，大学是一个研究学问、探索真理的地方。只有崇尚独立、自主、创新、宽容的大学文化，才可能完成研究学问和探索真理的使命。

一、改革开放以来大学文化建设的研究综述

大学文化，是大学思想、制度和精神层面的一种过程和氛围，是理想主义者的精神家园，是

大学里思想启蒙、人格唤醒和心灵震撼的因素的结合体。

大学文化是知识、能力、人格的升华和结晶。大学文化包含追求真理、追求高尚、追求理想、追求社会责任、追求文明进步等几个方面内容，王长乐的研究成果显示大学文化具有神圣性、理想性、学术性、批判性、传统性等特点。

刘铁芳在高等教育研究杂志上发表研究成果指出，大学文化就是激励学生精神成人的文化，就是激励他们不断挑战自我心智、努力发掘自我潜能、全面提升自我人格的文化。中国独特的文化传统、独特的历史命运、独特的国情，注定中国大学文化不仅有世界大学的文化特征，更有我国高等教育独特的思想史和文化史，特别是改革开放以来，中国大学文化从自发到自觉，积累了大学文化建设的经验。施秀莉、王文强的博士论文《改革开放以来中国共产党文化理论发展研究》《改革开放以来中国共产党文化理论创新研究》；李鹏虎、石亚玲、夏立军的硕士论文《改革开放以来我国大学文化发展的历程研究》《改革开放以来文化视野下高校德育发展历程研究》《改革开放以来高校校园文化研究——从大学生全面发展视角》；眭依凡教授等提炼了"校园文化"之兴起、"人文素质教育"之高潮、"大学文化"之成熟等三个阶段，以及提炼"文化育人""文化治校""文化强国"等三个层面，都对改革开放以来大学文化建设进行了很好的实践梳理和理论探索。笔者认为，这些研究还存在一定不足，一是阶段划分的时间划分不尽相同，划分依据不够充分；二是很多研究仅限于阶段划分，缺少每一阶段内大学文化内涵分析；三是阶段与阶段之间的递进演变发展脉络还不够充分；四是对中国共产党提出文化自信后大学文化的走向研究相对薄弱了点。本文试图在这些专家研究的基础上对上述四个方面的问题进行探索。

二、改革开放以来大学文化建设的历程及特点

（一）大学文化初始阶段（1978—1992）以校园文化为标志，自发探索文化育人

从 1978 年到 1992 年是大学文化建设的第一个阶段。这样划分的依据从大的来说是十一届三中全会召开到十四大召开之前，整个国家是以邓小平为代表的中国共产党人突破性地推进中国共产党文化理论发展的阶段。从大学文化建设的特点看，一是路径是自下而上的探索，从学生组织到学校到群团组织和学术团体的理论研讨；二是校园文化的主体定位在学生；三是政府机构没有真正纳入工作要点，没有出台相关文件。

1986年4月，上海交通大学首先举起了校园文化建设的旗帜，华东师范大学举办了首届“校园文化建设项目”活动，复旦、上海医科大学等相继举办了以建设校园文化为宗旨的文化艺术节。1990年召开了第一届全国校园文化理论研讨会，第一届理论研讨会由中国群众文化学会、中国高等教育学会、中国教育学会、共青团中央宣传部联合举办，围绕校园文化的意义与功能、现状与导向、发展规律与建设途径等一系列问题展开讨论。会议总结了六点：一要大力倡导，二要党政领导，三要教师指导，四要正确引导，五要培养向导，六要热情指导。1991年10月15日，同济大学高等教育研究所、中国高等教育发展战略研究会等单位联合主办的全国高校校园文化基本理论研讨会在承德召开，研讨的主题有高校校园文化的概念、内容、层次及结构；高校校园文化的类型、特点与功能；高校校园文化与政治、经济、社会诸因素的关系；高校校园文化与其他文化的关系；具有中国特色的社会主义高校校园文化建设的现状、方向与重点等。会议做大的成果是达成共识：育人是校园文化的整体功能。

（二）大学文化形成阶段（1992—2002）以文化素质教育为标志，系统探索文化育人

从1992年到2002年是大学文化建设第二个阶段，这样划分的依据从大的来说是十四大召开到十六大召开之前，从整个国家看是以江泽民为代表的中国共产党人“与时俱进”推进中国共产党文化理论发展的阶段。从大学文化建设的特点看，一是路径，从理论研讨到高校试点探索；二是校园文化的主体定位不仅在学生，而且关注到教师群体；三是党委政府相关部门已经看到了大学文化建设的重要性，理论研讨不仅有第一阶段的学术团体，还有文化部和国家教委等主办。

1992年底，江泽民同志在党的十四大报告中指出：“要搞好社区文化、村镇文化、企业文化、校园文化的建设。”1994年8月《中共中央关于进一步加强和改进学校德育工作的若干意见》中指出：“重视校园文化建设。要大力开展学生喜闻乐见的丰富多彩、积极向上的学术、科技、体育、艺术和娱乐活动，建设以社会主义文化和优秀的民族文化为主体、健康生动的校园文化。”同年7月《国务院关于〈中国教育改革和发展纲要〉的实施意见》中也明确规定“要加强德育的实践环节，大力推进校园文化建设”；1994年9月，由文化部、国家教委等单位联合主办的第二届全国校园文化理念研讨会在北京召开，相比第一次会议在深度和广度上有了较大拓展，理论研讨进入科学性、系统性、实效性阶段。但理论界当时将校园文化或等同于校园精神、校风、艺术教育、文化活动等。1995年，将加强大学生文化素质教育工作作为高等教育教学改革的一个

重要探索，首先在52所高等学校进行试点。1995年9月，时任国家教委高教司司长周远清在全国高校加强大学生文化素质教育试点院校工作会议上的讲话，提出了“三提高”：提高大学生的文化素质，提高全体教师的文化素养，提高大学的文化品位与格调。第一次对校园文化进行定义：校园文化是以学生为主体、以课外文化活动为主要内容、以校园为主要活动空间、以校园精神为主要特征的群体文化。深化为“三提高”，这是高等学校文化素质教育工作更高的境界，也是把文化素质教育工作推向一个新的阶段。

（三）大学文化发展阶段（2002—2012）以顶层设计为标志，自觉探索文化育人

从2002年到2012年是大学文化建设第三个阶段，这样划分的依据从大的来说是十六大召开到十八大召开之前，从整个国家看是以胡锦涛为代表的中国共产党人深入推进中国共产党文化理论发展阶段。从大学文化建设的特点看，一是路径，从理论研讨、高校试点探索到学校及各级群团组织的系统探索；二是校园文化的主体定位不仅在学生和教师，而且有了更高的定位，作为高校的基本职能；三是党委政府相关部门不仅已经看到了大学文化建设的重要性，进行研讨试点，而且出台了相关文件制度。

大学文化从自发的学校层面的探索到群团组织的系统探索，第三阶段应该属于自觉的顶层设计。2004年8月中共中央国务院颁布了《关于进一步加强和改进大学生思想政治教育的意见》（中发〔2004〕16号），文件指出“要大力建设校园文化，要建设体现社会主义特点、时代特征和学校特色的校园文化，形成优良的校风、教风和学风”；同年12月，教育部、团中央又专门颁发了《关于加强和改进高等学校校园文化建设的意见》，文件指出高校校园文化建设作为社会主义先进文化建设的重要内容，已经成为我国实施科教兴国和人才强国战略的重要组成部分，因此必须“要扎实推进高校校园文化建设”。2006年，国家教育部在4月25日正式发布《教育部关于大力加强中小学校园文化建设的通知》；2007年2月在北京召开了由中国教育学会、中国高等教育学会、中国职业技术教育学会、中国教育发展战略学会、教育部关心下一代工作委员会联合举办的“全国校园文化建设专家研讨会”，站在全球化、信息化的视角，从社会转型、教育变革的角度构建了从学科科学教育、学校人文教育、学校艺术教育、社团活动到媒体的大系统，用社会主义核心价值体系引领校园文化建设。2011年胡锦涛在清华大学百年校庆讲话中特别强调要“积极发挥文化育人的作用”，首次提出了大学的第四个职能，即大学从原先的三大职能到四大职能，分别是人才培养、科学研究、

社会服务、文化传承；2011年10月，十七届六中全会审议通过了《关于深化文化体制改革推动社会主义文化大发展大繁荣若干重大问题的决定》。文化自觉根本上是一种价值认同，是维系社会共同体的内在凝聚力。

（四）大学文化深化阶段（2012— ）以文化育人、文化治校、文化强国协同推进为标志，充分体现文化自信

从2012年开始是大学文化建设第三个阶段，这样划分的依据从大的来说是十八大召开以来，以习近平为核心的中国共产党人进一步完善党的文化理论时期，深入推进中国共产党文化自信理论发展阶段。从大学文化建设的特点看：一是路径，从文化育人到文化治校到文化强国的协同推进，二是校园文化的主体定位不仅在学生和教师，是大学的基本职能，而且提高到学校治理体系和治理能力现代化；三是在文化强国的视野下来建设大学文化。高校从中华优秀传统文化、革命文化和社会主义先进文化中坚持创造性转化，创新性发展，牢牢掌握意识形态领导权，注重培育和践行社会主义核心价值观，加强和改进高校思想政治工作等方面协同提高国家文化软实力，在推动民族复兴中发挥作用。

十八大报告明确提出了“全面建成小康社会，实现中华民族伟大复兴，必须推动社会主义文化大发展大繁荣，兴起社会主义文化建设新高潮，提高国家文化软实力，发挥文化引领风尚、教育人民、服务社会、推动发展的作用”。2012年，十八大明确把文化强国目标写进了党的报告。习近平在2013年12月举办的中共中央政治局集体学习会议上又专门就“提高国家文化软实力，努力提高国际话语权”发表了重要讲话。2016年5月17日，在哲学社会科学工作座谈会上指出，坚定中国特色社会主义道路自信、理论自信、制度自信，说到底是要坚定文化自信，文化自信是更基本、更深沉、更持久的力量。2016年在庆祝中国共产党成立95周年讲话中指出，文化自信，是更基础、更广泛、更深厚的自信。

对于文化育人，习近平从这几个方面抓。首先是立德树人，2014年，第二十三次全国高等学校党的建设工作会议召开，“办好中国特色社会主义大学，要坚持立德树人，把培育和践行社会主义核心价值观融入教书育人全过程”。2016年12月，习近平在全国思想政治工作会议上的讲话指出了高校思想政治教育对于“立德树人”根本任务的实现有着重大作用，“高校教师要坚持教育者先受教育，努力成为先进思想文化的传播者、党执政的坚定支持者，更好担起学生健康成长指导者和引路人的责任”。其次是培育和弘扬社会主义核心价值观，“要坚持不懈培育和弘扬社会主义核心价值观，引

导广大师生做社会主义核心价值观的坚定信仰者、积极传播者、模范践行者。”

对于文化治校，习近平指出“办好我们的高校，必须坚持以马克思主义为指导，全面贯彻党的教育方针”。我国高等教育肩负着培养德智体美全面发展的社会主义事业建设者和接班人的重大任务，必须坚持正确政治方向。我们的高校是党领导下的高校，是中国特色社会主义高校。办好我们的高校，必须坚持以马克思主义为指导，全面贯彻党的教育方针。

要坚持不懈地传播马克思主义科学理论，抓好马克思主义理论教育，为学生一生成长奠定科学的思想基础。要坚持不懈地培育和弘扬社会主义核心价值观，引导广大师生做社会主义核心价值观的坚定信仰者、积极传播者、模范践行者。要坚持不懈地促进高校和谐稳定，培育理性平和的健康心态，加强人文关怀和心理疏导，把高校建设成为安定团结的模范之地。要坚持不懈地培育优良校风和学风，使高校发展做到治理有方、管理到位、风清气正。

对于文化强国，习近平指出，提高国家文化软实力，关系“两个一百年”奋斗目标和中华民族伟大复兴中国梦的实现。要弘扬社会主义先进文化，深化文化体制改革，推动社会主义文化大发展大繁荣，增强全民族文化创造活力，推动文化事业全面繁荣、文化产业快速发展，不断丰富人民精神世界、增强人民精神力量，不断增强文化整体实力和竞争力，朝着建设社会主义文化强国的目标不断前进。高等教育强国建设为文化强国奠定雄厚的人才基础和文化底蕴，提升国家的文化实力及文化的国际话语权，这是大学文化强国思想实践必须做出的选择之一。习近平指出，我国有独特的历史、独特的文化、独特的国情，决定了我国必须走自己的高等教育发展道路，扎实办好中国特色社会主义高校。我国高等教育发展方向要同我国发展的现实目标和未来方向紧密联系在一起，为人民服务，为中国共产党治国理政服务，为巩固和发展中国特色社会主义制度服务，为改革开放和社会主义现代化建设服务。

三、改革开放以来大学文化建设的经验

（一）大学文化的传承：古为今用

大学保存、传播和丰富了人类的文化。它像动物和植物一样向前进化。2014 年 9 月在纪念孔子诞辰 2565 周年国际学术研讨会暨国际儒学联合会第五届会员大会开幕会上，习近平指出，文以载道，文以化人。当代中国是历史中国的延续和发展，当代中

国思想文化也是中国传统思想文化的传承和升华，要认识今天的中国、今天的中国人，就要深入了解中国的文化血脉，准确把握滋养中国人的文化土壤。中华文化源远流长，积淀着中华民族最深层的精神追求，代表着中华民族独特的精神标识。中国特色社会主义是在中华民族5000年的文明，社会主义500年的历史，中国共产党执政60多年的历史和改革开放30多年中走过来的。作为在这样文化、国情中发展起来的中国高等教育是在中国优秀传统文化、社会主义先进文化和革命文化的滋养下发展壮大的。尽管我们梳理的是改革开放以来大学文化建设的经验，从四个阶段我们可以看到，我们始终不忘初心，古为今用。文化传承已经成为大学的职能。

（二）大学文化的开放：洋为中用

邓小平在20世纪80年代为北京景山学校题词：教育要面向现代化、面向世界、面向未来。对于大学文化更是如此。在20世纪80年代中后期，随着改革开放的逐步深入，由于国际上社会主义运动遭受了巨大挫折，国内改革开放以来积累了深层次的矛盾，西方哲学思潮开始在高校蔓延。高校校园出现了萨特热、弗洛伊德热、尼采热等；高校内的西方哲学热和国内“经商热”、“读书无用论”交织在一起，大学生出现了迷茫，大学文化出现了一些问题。这不是大学文化的开放出了问题，而是缺乏去粗取精、去伪存真的能力，没有为我所用。开放并不意味着全盘照搬，照搬本身是要出问题的。习近平总书记主张要采取马克思主义的历史唯物主义观点，不仅对我国传统文化，对国外的东西，要坚持洋为中用、去粗取精、去伪存真，经过科学的扬弃后使之为我所用。习近平在考察中国科技大学时指出，我们对中国建设国际一流大学、培养国际一流人才充满自信。我们的胸襟是开放的，包容并蓄。大学要积极开展对外文化交流，增进对国外文化科技发展趋势和最新成果的了解，展示当代中国高等教育风采，增强我国文化软实力和中华文化国际影响力，努力为推动人类文明进步做出积极贡献。

（三）大学文化的坚守：一脉相承

习近平总书记在“7.26”讲话中指出，中国特色社会主义是改革开放以来党的全部理论和实践的主题，大学文化建设是中国特色社会主义文化建设的一个重要组成部分，中国优秀传统文化、社会主义先进文化和革命文化一定是大学文化建设的重要内容。改革开放以来大学文化的四个发展阶段的实践证明，坚持马克思主义、毛泽东思想和中国特色社会主义理论对大学校园文化建设的指导，才能保证大学文化建设的方向。中国教育学会会长顾明远教授指出：建设校园文化首先要认同社会主流文化，我们的主流文化就是改革开放、继承创新、弘扬中华优秀文化的传统，吸收世界一切优秀文明的成果，创造社会主义新文化，要确立核心价值观。十六届六中全会提出要把社会主义核心价值体系融入国民教育的全过程，校园文化建设要以社会主义核心价值体系为主导。要积极发挥文化育人作用，加强社会主义核心价值体系建设，掌握前人积累的文化成果，习近平在考察北京大学时就强调，人类社会发展的历史表明，对一个民族、一个国家来说，最持久、最深层的力量是全社会共同认可的核心价值观。核心价值观，承载着一个民族、一个国家的精神追求，体现着一个社会评判是非曲直的价值标准。

（四）大学文化的创新：与时俱进

习近平在考察中南大学时说，我国经济发展要突破瓶颈、解决深层次矛盾和问题，根本出路在于创新，关键是要靠科技力量。要充分发挥高校人才荟萃、学科齐全、思想活跃、基础雄厚的优势，面向经济建设主战场，面向民生建设大领域，加强科学研究工作，加大科技创新力度，努力形成更多更先进的创新成果。胡锦涛在清华百年校庆时说全面提高高等教育质量，必须大力推进文化传承创新。高等教育不仅是优秀文化传承的重要载体，更是思想文化创新的重要源泉。扬弃旧义，创立新知，并传播到社会、延续至后代，不断培育崇尚科学、追求真理的思想观念，推动社会主义先进文化建设。

（五）大学文化的核心：立德树人

立德树人是大学文化建设的核心任务。党的十八大报告提出，把立德树人作为教育的根本任务。习近平指出，高校立身之本在于立德树人。立德树人是我国教育的优秀传统、时代的需要和现实的要求。大学文化对师生的行为方式、价值观念等方面具有潜移默化的影响。要把文化育人作为大学人才培养的重要组成部分，引导师生追求真理、自强不息，鼓励创新、宽容失败，诚信合作、学术民主。

（六）大学文化的方向：四为服务

习近平总书记在全国思想政治工作会议上指出，高等教育要为人民服务，为中国共产党治国理政服务，为巩固和发展中国特色社会主义制度服务，为改革开放和社会主义现代化建设服务，这是方向和道路。大学文化的内涵就是大爱，而大爱首先是爱国，其次是爱人民，再者是爱师爱生。大学教育，第一个要讲的就是国家需要，一个大学如果把国家的利益、国家的需要放在第二位的话，这样的大学就是没有文化的大学。只有在把国家的利益、国家的需要放在第一位的大学文化熏陶下的学生才能正确认识世界和中国发展大势，全面客观认识当代中国、看待外部世界，增强制度自信，增强责任感和使命感，成为德才兼备、全面发展的建设者和接班人。

参考文献

［1］习近平．在庆祝中国共产党成立95周年大会上的讲话［J］．党建，2016（7）：4-11.

［2］眭依凡，俞婷婕，李鹏虎．大学文化思想研究——基于改革开放30多年大学文化发展的线路［J］．北京大学教育评论，2016（1）：144-192.

［3］刘铁芳．大学文化建设：何种文化 如何建设［J］．高等教育研究，2014（1）：11-16.

［4］王文强．改革开放以来中国共产党文化理论创新研究［D］．天津：南开大学，2013.

［5］施秀莉．改革开放以来中国共产党交化理论发展研究［D］．济南：山东大学，2015.

［6］李鹏虎．改革开放以来我国大学文化发展的历程研究［D］．杭州：浙江师范大学，2015.

［7］王长乐．大学文化简论［J］．天中学刊，2000（12）：70-75.

［8］公培华．素质教育将成为21世纪教育改革的主旋律［J］．发展论坛，2006（7）：44-45.

［9］习近平：把思想政治工作贯穿教育教学全过程［EB/OL］．［2016-12-08］.http：//news.xinhuanet.com/politics/2016-12/08/c_1120082577.htm.

微文化生态下高职思想政治教育圈层化困境及化解

桑 雷

摘 要 伴随着互联网技术的发展，社会正在进入一个名副其实的微时代。高职学生借助微媒介在网络社交的过程中，基于不同的圈子产生了“圈层化”现象，对主流声音传播产生了积极作用，同时其相对独立性、封闭性、不可预知性等特点也在一定程度上给思想政治教育工作提出新的挑战。为此，高职院校需要以整合校园微平台为基础再造圈层，以转变微传播方式为抓手融入圈层，以加强微信息监控为保障净化圈层，切实保证思想政治教育功能的发挥和价值的实现。

关键词 微文化生态、高职院校、思想政治教育、圈层化

作者简介

桑雷，江苏财经职业技术学院马克思主义学院副院长，南京师范大学博士研究生，副教授。

2016年底，习近平总书记在全国高校思想政治工作会议上强调：“很多人特别是年轻人基本不看主流媒体，大部分信息都从网上获取。必须正视这个事实，加大力量投入，尽快掌握这个舆论战场上的主动权，不能被边缘化了。”[1] 信息技术的发展在一定程度上拓展了高职学生交往的场域空间，特别是伴随着微信、微博、QQ 等微媒介的普遍应用，高职学生交往“圈层化”现象的产生对主流意识形态的宣传教育产生了积极的作用。同时，正如网络是一把“双刃剑”，“圈层化”内隐的封闭性、不可控性、不可预知性等特点，也容易为一些负面信息提供庇护，并由此带来一系列思想政治教育难题。为此，如何正确看待高职学生交往“圈层化”现象，并及时加以正确引导，最大限度地发挥其积极作用，规避其不良影响，已成为高职院校思想政治教育工作必须正视的现实问题。

一、新环境：微文化的兴起及其影响

《2017 年中国互联网发展状况统计报告》显

示，截至2016年底，我国网民数量达到7.31亿，互联网普及率达到53.2%，比上一年度增加4299万，增长率为6.2%，我国网民规模已经相当于欧洲国家人口总量。（见图1）其中，走在时代最前沿的大学生是网民群体中占比最大的群体。有研究表明，大学生群体中微信、易信的使用率超过85%。可以说，伴随着互联网技术的发展，社会正在进入一个名副其实的微时代，"微"字已经成为人们认识和理解世界的一个重要"关键词"，微博、微信、微小说、微电影、微课堂等"微"事物陆续进入了大众的视野。在这样的背景下，"微文化"以其时效性、通俗性、便捷性等优势逐渐得到认可并成为新兴的文化形态，其去中心化、碎片化、即时化的传播方式也在不同方面影响着日常工作、生活和学习。高职院校微文化之所以兴起，一方面，随着移动技术的成熟、无线WiFi覆盖提升、手机APP客户端的广泛应用，高职院校智慧校园建设取得阶段性成效，为高职学生提供了优质的上网环境，成为微文化生态形成的智慧支持。另一方面，"95"后高职学生群体思维活跃，特别容易接受新生事物，同时对互联网、移动PC的依赖度相对较高，习惯于通过网络虚拟化、碎片化的方式抒发情感、缓解压力，微博、微信等微媒介"短平快"的形式恰恰符合了"95"后高职学生的内在特点和需求。简单地说，微文化生态下，对高职学生群体最大的影响就是一定程度上满足了其"刷存在"的参与需求和"被关注"的表达欲望。基于互联互通的特点，使高职学生切身体验到网络与现实、线上与线下的有效互动，在更大层面上感受到人生和社会价值，同时在参与社会互动中不断增强认同感和成就感。

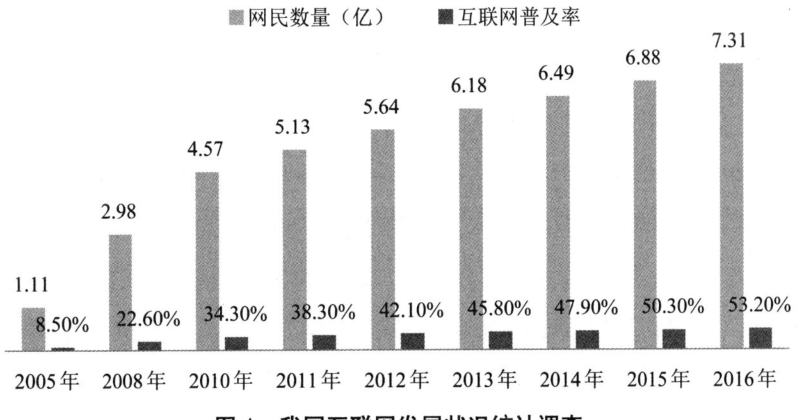

图1　我国互联网发展状况统计调查

（数据来源：《中国互联网发展状况统计报告》）

二、新特征：高职院校“圈层化”现象的产生

马克思主义认为，人是社会中的人，人在本质上是一切社会关系的总和。对于高职学生群体来讲，无论身处现实或者网络，都体现着一定的社会关系。根据2015年全国互联网调查，大学生网络应用的两种主要类型是互动交往与网络社交。言下之意，线下的各种复杂的社会关系网，大多可以通过网络的互联互通在线上重新编织，而且在某种程度上比线下更加便捷。于是我们就不难理解，虚拟空间逐渐被切割成无数个群体不同、类型各异的圈子。基于此，我们以江苏省部分高职院校学生为研究对象，通过对高职学生微媒介使用习惯情况开展问卷调查，高职学生日常社交应用最多的媒介排名前三的分别是QQ、微信和微博。高职学生借助微媒介在网络社交的过程中，根据不同的需求、特征和联系等，建立起QQ群、微信群等多样化的圈子。“圈层”的概念最早来源于经济学领域，借鉴对圈层的解读，我们尝试对“圈层化”进行界定。所谓“圈层化”就是利用QQ、微博、微信等进行微交往的过程中，出于信息获取定制化、个人社交圈子化、交互关系层级化，形成的一种只在特定圈层中信息交互的现象和趋势。特别是由于网络空间的开放性和多维性，每个高职学生都可以具有一个圈子，也可以同时加入几个圈子。于是，每个高职学生都以“我”为中心在网络中形成了许多不同层级的圈子，比如，与工作和生活息息相关的工作圈、生活圈、家族圈、朋友圈、同学群、购物圈等。他们通过这些圈子获取自己想要的信息，表达自己的观点和意见，彰显自己的个性。这种趋势和现象在微交往中显得尤为突出。例如，当下最普遍的就是在微信朋友圈中“各种晒”“各种说”“各种评”，在让微信好友浏览和评论的过程中增加了显示度和获得感。

根据对“圈层化”内涵的理解，高职学生微交往“圈层化”现象具有四个方面的突出特点：一是圈子自身具有的相对稳定性。微交往中基于共同旨趣关系形成的圈子，区别于现实中的利益关系，其内部结构更趋稳定，不会轻易消失或改变。比如，最受高职学生欢迎、使用频率最高的QQ，Q龄使用周期可达到几十年。二是高职学生圈子选择的自主性。由于网络的开放交互性，高职学生可以自主组建圈子，可以自主加入喜欢的圈子，同样也可以自主控制在圈子中的参与度。三是圈内信息获取的封闭性。“圈层化”现象往往会附带圈内信息获取的“免疫”功能，这虽然有助于抵制负面信息的消极影响，但是一些正面信息也会被排除在圈层之外。此外，长期被困在由大量圈内信息堆砌起来的信息围墙内，容易出现信息高度同质化、重复化的问题。四是圈层信息安全的不可预知性。在同一个圈子内，凭着“熟人社区”的信任感及或强或弱的

认同感，圈子成员之间会彼此进行信息分享。从另外一个角度，不良信息进入圈子后，也容易利用圈内的信任资本兴风作浪。[2] 更为严重的是，它们往往从一个圈子流窜到另一个圈子，给网络监管和信息安全带来隐患。

三、新挑战："圈层化"引发思想政治教育困境

美国学者大卫·斯科特在谈到社交媒体的特质时提出，"人们可以在线分享见解、信息、思想并建立关系"。[3] 高职院校"圈层化"现象的产生反映了网络空间平台发展的趋势，同时也给思想政治教育提出了新的挑战。首先，基于不同需求建立的圈子本身固有的边界对思想政治教育"有效率的准入"提出挑战。微交往下个体所属的各个圈子具有不同的性质、特点和旨趣，这也决定了这些圈子之间具有相对明晰的边界。就高职学生而言，个体所处的圈子有着核心圈和边缘圈之分，核心圈层的影响较大。根据调查发现，高职学生的核心圈层除了基于课程学习刚性参与的圈子，大多是基于同学关系、同乡关系、社团活动甚至游戏购物自主参与的圈子，并且这些圈子有明显的显示度。

这样就带来一个问题，这些圈子中的信息通道具有明显的生活和娱乐色彩，在一定程度上不利于主流声音的渗透准入，更不用谈准入之后的关注、接纳、内化等后续问题，微文化生态下的这种主流声音传播"沉默的螺旋"问题特别值得关注。

其次，独立圈层信息的免疫功能隐含着对其他圈层信息的"排他性"，对思想政治教育"有效用的融入"提出挑战。

圈子的相对稳定性和独立性特点有助于圈子的可持续发展，但是也带来一个直接的问题就是圈子与圈子之间信息的隔阂。

一方面，圈子自带的"免疫"功能在确保圈子专门化的同时也产生了相对其他圈子的"排他性"存在，圈子内相对封闭的信息传播形成了不容逾越的信息屏障，难以有效发挥思想政治教育"同频共振"的价值和效果，给思想政治教育全员全程全方位育人理念的实践落实带来很大的挑战。

另一方面，高职学生所处的圈子决定了信息传播的范围和受众，往往就会把特定的信息与特定的群体分享，这实质上是一种典型的封闭式定向传播，一旦高职学生在圈子内对错误倾向达成共识，它所带来的破坏性后果往往是难以挽回的。再次，个体圈子选择的自主性同时也意味着圈子转换的不可控性，对思想政治教育"有效果的介入"提出挑战。圈子之间、圈层核心圈与边缘圈之间的相对开放性给主体圈层参与和

变换提供了便利，但同时也对思想政治教育信息过滤和管理带来意想不到的困难，特别是微传播技术的迅猛发展，简单一条信息的评论和转发就容易在短时间内累积海量数据。

更为复杂的是，如果高职思想政治教育工作者在学生圈子中“缺场”，或仅仅作为场中的非紧密关系存在，其对“网络异见”的监督和管理也会大打折扣，无法对高职学生的网络舆情问题做到“早发现、早预防”，往往会错失思想政治教育的最佳时机。

四、新思考：高职院校“圈层化”困境化解之道

习近平总书记在全国高校思想政治工作会议上指出：“高校思想政治工作关系高校培养什么样的人、如何培养人以及为谁培养人这个根本问题。”高职院校“圈层化”现象的产生使思想政治教育工作面临生态失真、传播失语、监管失控等现实风险，务必以时不我待的紧迫性，以整合校园微平台为基础再造圈层，以转变微传播方式为抓手融入圈层，以加强微信息监控为保障净化圈层，切实保证高职院校思想政治教育功能的发挥和目标的实现。（如图 2）

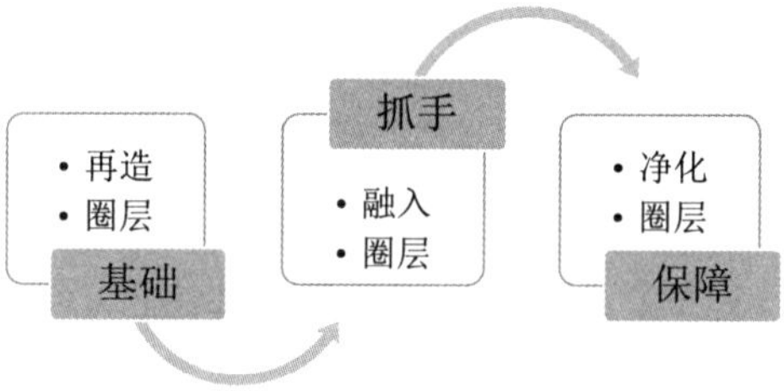

图 2　高职院校“圈层化”困境化解示意图

（一）整合校园微平台再造圈层，塑造学校新的圈层生态

随着智慧校园建设的推进，高职院校的网络平台越建越多，这些都可以作为思想政治教育的重要载体。当然，要真正发挥这些平台的作用，还需要有效整合这些平台，打通学生对美好生活学习需要的“最后一公里”，从而增强对高职学生的吸引力。一方面，做好校院两级微平台，努力形成新的网络交往圈层。以学校的官方微信、微博为例，除了发挥其新闻宣传作用以外，还可以将通知公告、办公学习、招生就业、缴费维修等与师生紧密相关的管理服务平台有机整合，为微交往下学校和师生之间的信息交互提供更加便利的渠道，这样也容易引起学生更大程度的关注，通过自动的点赞、评论、转发等塑造出新的圈层生态。另一方面，基于新时代社会发展的特点、高职院

校内涵建设的特点和当前“95”后高职学生的特点，根据高职学生的学习需求、生活需求、发展需求以及其他方面的需求，不断丰富网络平台多元的资源供给，以能更好地满足其多样化的需求。比如，针对高职学生的学习需求，开发在线开放课程、慕课、微课等学习圈层，增强资源供给的针对性。此外，高职院校还可以拓展整合校内外微平台，积极引导高职学生合理利用校外优质的微平台，在校内外优秀资源的滋养和熏陶下，不断增强思想政治教育工作的实效。[4]

（二）转变微传播方式融入圈层，共建微生态网络生活场景

微时代微媒介技术的发展打破了师生互动交流的时空限制，进一步畅通了师生话语渠道，同时也为教师积极融入高职学生圈子创造了条件。一方面，作为交往主体之一的教育工作者要主动改变交流姿态，多做学生的倾听者、疏导者、欣赏者，构建一种更加民主平等的交往关系，用诚心去换学生的真心。教育实践也反复证明，传统“传话式”的教育模式难以获得学生内心真正的认可，唯有“对话式”的教育方能赢得学生的信任和支持。这也是教育者由“圈外人”身份融入圈子的前提。另一方面，教育者特别是与学生接触最为紧密的班主任、辅导员等一线思想政治教育工作者要主动适应网络圈层新常态，改变固有的与学生划清界限、长期在圈层“潜水”等做法，做微交往网络圈子的积极参与者，在交流互动中获得融入圈子的身份和资本。当然，考虑到高职院校的师生比相对较低，要求教育工作者融入每个圈子，与每位学生建立网络联系是难以实现的，这就需要一定范围内的“精准融入”，做好与圈层管理员、圈内学生干部、学生党员等“关键少数”的信息畅通与交流互动，在技术互联互通和信息深入融入的基础上，共建高职院校微生态网络生活场景，以此优化高职院校全员育人、全网育人的微文化生态环境。

（三）加强微信息监管净化圈层，掌握思想政治教育主动权

当前，网络安全作为高职院校舆情监控工作的重要组成部分，对学校的改革、发展、稳定起着至关重要的作用。高职学生微交往的“圈层化”本身并不会导致网络舆情问题，但圈子内信息的碎片化传播和无序化流动却是高职院校舆情事件发生的重要隐患，如果不引起足够的重视，会成为影响学校安全稳定的危险源和风险点。一方面，高职院校要结合智慧校园建设，做好对学校各个层面微平台的全面监督管理，从技术层面筑牢“防火墙”，从面上净化不同类型、不同层次圈层发挥作用的生态环境。另一方面，要关注微信、微博、QQ、论坛等不同圈子内学生的利益表达和诉求，从思想政

治教育层面做好圈子内信息传播的安全预警。这就要求思想政治教育工作者要多渠道、多方面了解和掌握学生的思想动态，注意网络交往圈层的“闪点”和“燃点”，并及时做好圈子内学生的思想引导、心理疏通和情绪安抚等工作，在可能的条件下提出切实可行的解决问题方案。此外，在特定的圈子内，还可以有目的、有针对性地对一些主流声音进行情境化、生活化的阐释和解读，在宣传主流声音“正能量”的同时，一定程度上归正和化解高职学生因理解或判断模糊而可能引发的风险，真正发挥微媒介圈层育人的价值和作用，掌握思想政治教育工作的主动权和话语权。

参考文献

［1］中共中央文献研究室．习近平关于全面深化改革论述摘编［M］．北京：中央文献出版社，2014：83.

［2］陈志勇．“圈层化”困境：高校网络思想政治教育的新挑战［J］．思想教育研究，2016（5）：70–74.

［3］（美）大卫·斯科特．新规则：用社会化媒体做营销和公关［M］．于宏等，译．北京：机械工业出版社，2013：98.

［4］王贺．大学生网络交往“圈层化”的困境及对策［J］．江苏高教，2017（3）：94–97.

新时代书香文化的内涵特质与发展创新

杨东铭

摘　要　书香有着多重的内涵，既有形又无形。新时代的现代书香文化，脱胎于传统图书文化，是新技术与新阅读背景下的产物，有着自身的内在机理与本质特征。新型书香文化与个人成长、阅读生活、社会建设有着密切关系，是社会发展的正能量。我们需要从多角度、多层次开展创新，促使新时代的现代书香文化建设跃上新台阶。

关键词　书香文化、现代阅读行为、文化转型

基金项目　深圳职业技术学院2017年度重点课题“主题馆建设实践与图书馆书香文化育人新平台构建研究”部分成果。

作者简介

杨东铭，深圳职业技术学院图书馆副馆长，副教授。

国家倡导全民阅读，建设现代书香社会，意义深远。什么是书香，什么是新时代社会需要的书香文化，尚须进一步实践探索，理论阐述。在全新的时代，现代信息技术与新型阅读方式的出现，使得传统的图书文化受到了极大挑战。人们的生活需要书香，现代社会需要建设新型的书香社会，如何让书香持久充盈弥漫在人间，如何推进新时代书香文化建设，还有许多工作要做。

一、书香的基本认知与衍变

“书香”源于人们古代的藏书行为。大约在中国汉朝时期，随着造纸术的发展，纸质书开始增多。为了防止图书被虫蛀，有人发现了一种源于中亚干旱地区的名叫芸香草的植物，放入书中后，不仅防虫，而且书打开后有一种清香之气。后来，芸香草大量引种并普及，书也就有了香味，“书香”由此而来。此后，书香含义逐渐泛化，一些藏书多、学问好的人家，被叫作书香人家、书香门第。芸香草的“芸”字义也扩展到与书籍有关，如“芸编”指书籍，“芸帙”“芸帐”指书卷，“芸笺”原为“书笺”。“芸阁”指藏书之阁，“芸

署”“芸台”“芸省”皆为藏书之室。专职抄书、校书的岗位，叫“芸香吏”。书斋叫“芸窗”“芸室”等[1]。

书香含义发展到现在，更体现出一种氛围、一种境界，一些全新的意境。围绕图书与香味，渐渐形成了一种书香文化。如果说传统的图书在自身发展与积累中形成了图书文化，那么到了新技术与新阅读时代，现代图书与现代阅读所构筑的新文化，我们可称之为现代书香文化。书香文化的体现是多方面的，它是一种阅读带来的情绪，是在美好境界下看到一本好书的愉悦、欢喜与快乐，是长期的阅读后积累出来的更宽广的胸怀、视野，更强大的智识与能力。人在书中，书在生活中，人与书紧密相连，书香包围着你，用心就能体味出来，并且在这种文化境界中，透过图书的表面，渗透到书的背后，超越图书的形态，能看到书的伟大，书的灵魂，也即书香的本质。图书的使命就是要让人间散发书香，积淀文化与文明的力量。人一生与书为友，与好书相伴，人类的前行就是在书香熏陶下不断走向文明与现代化。书香弥漫在书间人间，笼罩在书与人之间，漂浮在历史长河中。

我们可以看到，书香开始是有形的，是一种物质，是古人从国外引进的一种香草，一种防蛀的药，有着实实在在的香味，与图书的纸本味、油墨味混合形成了地道的书香。同时，书香又是无形的，是书本散发出来的特别气息，是书籍的灵魂，是人对书的某种感觉，是人阅读书籍后形成的一种氛围，一种心境。所以，在新时代，现代书香文化已经超越了传统图书文化，与时代、与人、与阅读生活联系更紧密，书从古代到现代形成的精气神，凝聚成为一种文化，并保持着持久的生命力。

二、阅读之道与书香文化

静静的图书如何形成书香，其实，这里有一个图书内涵的转变与香味提升过程，这个特有的过程就是阅读。

阅读是人类特有的一种行为，能引起内心复杂的反应[2]。书形式多样，但书做得再漂亮，必须装载精彩内容，更关键的是，书再好，必须要有人阅读。阅读就是书香形成的基础或主体，从枯燥的文字到书本的形成，从知识思想的汇集到读者的理解与传播，再到图书功能作用的显现与社会的进步，阅读这一步非常重要，也是必需的。如果一本书没有人读，或读后即忘，没读到位，这也不行。阅读是能让书本得到升华、让读者得到升华、让图书转化为书香的必然步骤。因为有了阅读，才让书中的价值得到发掘，让书的内容得到传播，让书的主题思想得到发散，使图书的基本功能取得实现。

从社会角度看，一个人一本书的阅读还只是一滴水，但众多阅读汇集之后，就会推动整个群体或整个社会的文化变革与思想解放。个体阅读有自己的喜好，但阅读是可以干预与引导的。个体当然可以自主阅读，可以读与自己专业相关的书，读专业之外的“闲书”，积累自身的知识文化，通过阅读提升自身素质。但发展到社会层面，阅读有校园特定环境的读书，有班级阅读、家庭阅读、社区阅读，有志同道合的社团学习、集体交流与相互研讨等[3]。更有政府对书籍的分类管理，对各类媒介的把控。在国家意志与社会建设目标之下，培养什么样的接班人是一个大问题。在阅读领域，主流媒体有引导与宣传责任，家长、学校有义务、有责任让未成年人读好书，身心健康成长。因此，阅读也是一种社会行为，书香文化也体现出一种社会属性。

在现代新技术条件下，阅读形式与手段也有了新的变化，海量的信息，开放式自由学习，纸本阅读、课堂阅读之外，可以电子阅读、网络阅读了，还可以移动阅读、绘本阅读、听书等。当然，在传统的认真阅读之外，现实社会的浅阅读、快餐式阅读、轻阅读、懒阅读等被人诟病的现象也出现了，阅读的态度、目的或功效都有了更多不同的表现或变化。

阅读，是人类特有的神奇行为。通过阅读，让我们知道了书中还有另一个全新的世界，长见识，开眼界，促创新。正是通过阅读，个人从成长走向成熟，从自然人走向社会人，有些人不但获得了知识，而且也激发了创造与创新，成就一番事业。正是通过阅读，图书散发出浓郁的香味，书的香味出来了，书的作用与功能显现出来。对一本书来说，阅读是图书生命力的展现过程，是知识的升华过程。对社会来说，阅读是最优美的姿态[4]。在新时代社会建设中，阅读应该是自觉行动，书香文化是当然之义，是各类文化茂盛的心脏与引擎，是人类文明与文化的传承基础与强劲推力。所以，阅读推动着个人的成长与社会的进步，使人类的文化与文明得以传承和发扬光大。

三、现代书香文化的全新特质

随着时代的变革，我们不得不承认，传统图书文化在向现代书香文化转型。图书散发书香，书香上升到文化，而现代技术与新阅读形态又推动着传统的图书文化衍变为现代书香文化。从文化角度看，现代背景、现代技术与新型书香的紧密相连，形成了现代书香文化，在这里，现代、书香、文化三要素高度融合[5]。

分析来看，现代书香文化是一种新型文化，与传统图书文化相比，出现了新的变化与特征。（1）书香文化的发展环境有了根本性改善。现代国家明确了文化事业的重要性，强调了公民享受文化财富的权力与责任。书香文化得到了政府的强力支持，得到了法律制度的有力保障，得到了现代先进技术的强力支撑，得到了广大民众的全面参与。政府、企业家、民间力量及各类资本等都介入文化产业发展，为书香文化事业的发展创造了良好条件，提供了坚实基础。（2）书香文化的平台更为宽广，渗透到各个角落。现代书香文化的建设涉及社会、经济、文化各个方面，参与者众多，组成要素复杂，涉及各阶层人士，是一个全民参与、开放活跃的综合系统工程，其触角触及社会各个方面、各个层次、各个角落，其平台非常广泛、宽大，书香弥漫到各个角度。（3）书香文化的内涵更为丰富，包容性更强。图书想要表达的内容多样复杂，所要传达的信息丰富多彩。进入智能时代、大数据时代，书的形态更多，得到书的手段更多，读书的渠道更多，书的味道自然也更多。人们可以有不同的选择，可以有不同的理解与观点，理念不断更新，文化百花齐放。书的味道更丰富，更多元，但主体坚持弘扬社会核心价值观，传播正能量，唱响主旋律。（4）书香文化的影响功能更加强大。借助于现代信息技术、电子技术、网络技术、传播技术与物流技术等，图书可以迅速传播，广为扩散，图书的信息可以很快让所有人获取，在瞬间被放大，影响成倍增加。新技术背景下，现代书香文化的运作与管理、引导与约束就显得非常重要。去伪存真，去劣存优，必须坚持正确的导向，让图书发挥效能，让书飘香，而不是产生负面影响。（5）书香文化的创新本质非常明显，文化活力更加精彩。在各种文化交融的时代，书香文化必须继续高扬创新的大旗，努力放大图书媒介与传播功能，主动与新技术、新思维、新潮流对接，不断改革创新，书写新的篇章。只有创新，书香文化才能与时俱进，焕发更强大的活力，香味更悠远、更有味。（6）书香文化的前景更为广阔，目标更为坚定。面向未来，现代书香文化主动融入整个社会的文化的主流之中，深深根植于这个时代，密切关注时代的变革与社会的需求，关心国家的命运与民族的时代使命，放眼世界，加强与各国图书界及文化界协作合作。可以说，现代书香文化赋予了图书新的内涵与新的使命，也迸发出了新的活力。

四、现代书香文化的全新境界

多维度观察现代书香文化，我们会有更全面、更内在的理解。

首先，书香是一种人生原味。人出生以后，实际上一直在不停认识世界、认识自己，在不停地丰富自己的生活，充实自己的生命。在这个过程中，会有很多纷繁杂乱的东西，世间际遇、生活琐事、事业工作、家庭社会等，都是人生的组成要素。书香应当是而且必须是完美人生的重要组成部分。书香，会让一个人有理想、有追求地成长，让生活丰富多彩，让一生过得充实而足迹清晰。人生百味，一定得有书香味。因为没有书香的人生一定是乏味的、单调的。书香，让人思考与进步，让人有一种寄托，有一些浪漫的情怀。只要是正常的人生，书香就必不可少。

其次，书香是一种高层次的境界。读书藏书只是书香文化的基础行为，建设一些图书机构与阅读场馆，也只是书香文化的基础建设。书香应该在更高的层次上体验，它关注的是书的内容、内涵与精神内核，它体现的是书的认知与影响，它显现的是人在阅读后的思想觉悟与灵魂升华，是一种“形而上”的东西，是因长期阅读之后的知识丰富、认知提升及对自身对现世、对思想、对发展的影响，是文化的传承，文明的升华。若从两极来分析，图书是物质的，书香则是精神为主体；阅读活动是现实的，书香则是意识上的；读书是理性的，书香则偏重感性或悟性。书香就是从图书到文化到文明之后的高层次境界。

再者，书香是社会发展正能量。从个体书香到书香社会，必是社会民众的共同努力共同行动的结果。社会稳定繁华，人人爱书读书，人人崇尚知识与科学，人人有条件读书，必然会带来书香阵阵，书香浓郁。一旦形成书香社会环境，在一个正常的书香环境里，书香可以长远深刻地影响到每个家庭每个人。书香普及科学知识，带来有序文明，推动发展创新，促进文化繁荣，倡导文明礼义，崇尚真理思想，肯定个性人格。在书香社会中，书香作为一种正能量存在，是一种向上的无上荣光的主流的力量，有一种潜在的引导力、影响力与推动力。在一个书香浓郁的社会里，社会秩序会有很大改善，个体会在书香的裹挟下奋力向前，得到向上的向善的力量，人们的幸福感不断增强。

五、新时代书香文化的创新路径

随着书香社会建设的推进，现代书香文化渐成气候。但在新的时代，书香文化还必须继续前行并不断创新，这既是文明社会进步的需要，也是保持现代书香文化活力的需要。现代书香文化的创新路径是多样的、多层次的[6]。

首先，书香文化平台需要扩展延伸。早先的书香平台主要是基础的图书设施与读书人、家庭、书店、书商等构成，现代书香基础则由于技术的变革已有极大改变。例如，承载最浓书香的未来的图书馆，随着新技术的应用与新阅读习惯的转变，需要重新定位，扩展平台，形成多位一体的文化阵地：一是图文信息中心，尽可能地收藏各类图书，汇聚最新科技文化成果，向读者提供最广泛的图书情报信息；二是文化传承中心，是人类精神文明的高地，是人类先进文化的扩散地，不论各种文化，包括非物质文化，都可以图书或数据的形式保存传布下去；三是学习交流中心，利用良好的阅读环境大力开展读书活动，举办各式各样的讲座、研讨会与报告会等，促进文化互动，开展书香文化育人；四是教育宣传中心，多种方式开展核心价值观的宣传，开展主流文化、优秀传统文化与人类普适的文明观念的教育，给读者以丰富的精神食粮和正确的思想引导。

其次，社会需要营造更良好的新阅读行为。让读书成为生活习惯，是传统社会一个人学有所成的重要法宝，也是现代生活的应有之义。书香文化的一个重要任务就是要培养公民爱读书、读好书的良好习惯，特别是学生，要从小培养正确的读书理念。营造读书氛围是一项长期的工程，大力开展阅读推广，宣传图书的好处与读书的重要性，正确引导学生读书，通过各种形式吸引民众参与到各种有趣有益的读书活动中来，成立不同层次的读书俱乐部、读书协会等组织，定期组织读书会、读书交流活动，开展读书比赛、知识竞赛等，这些是常规工作，但要持久、认真做起来，才会慢慢显现成效。

再次，书香文化的各种要素需要创新。以创新求发展，求变革，建设现代书香文化与书香社会，创新应是系统性全面化的。一是创新资源，图书文献资源的来源、储存、展示、交流等都可创新，充分利用现代技术，切合信息时代特征，做到藏储更丰富更全面，使用更方便更有效。二是创新服务，图书服务的对象、范畴、手段、方法等必须与时俱进，做到更热情、更便捷、更人性化，满足不同读者群体的要求。三是创新功能，如扩大图书馆的馆藏范围，放大馆际活动空间，拆除一些人为的界线、藩篱，重新构建功能多样的开放的图书文化基地。四是创新机制，对内要搞活，简化一些管理程序，工作流程再造，提高管理效益，对外要走出去，加强本地及外地、专业与业余各类书香机构与组织的联系，充分利用网络、通讯等新技术，实现书香资源的共享。

最后，书香文化建设的环境需要不断优化。一项文化事业的繁荣，需要各方的大力支持。政府、行业与社会各界应当充分认识到书香文化的重要性，支持并热心参与到书香文化建设中来，让读书成为社会主流风尚，让阅读丰富人生美好，让书香充盈我们的生活，让书香永远弥漫在时空的隧道中。我们还需要警惕的是，书香也时常受到社会丑陋现象与不文明乱象的干扰。在浅阅读、轻阅读、速阅读潮流的侵蚀下，各种畸形文化也对传统的读书爱书行为产生冲击，对正常的书香产生负面影响。我们需要继承优秀图书文化传统，弘扬正能量，自觉抵制不文明、不读书现象，多读书，多读好书，为书香文化与书香社会建设做出更大努力。

书香是人类前行与进步的生命力与原动力，是人类未来最大的希望。在新时代书香文化的建构中，从政府到民间，从风气到立法，从市场到社会，从个人到组织，都应广泛融入书香文化建设的行动中，与书香为伴，与文化同行，我们的各项事业发展才能更有厚实感，更有充盈力，更有深度、广度。

参考文献

[1] 孔祥光．“书香”的由来及典故［J］．华夏文化，1997（04）．

[2] 姚林群．阅读能力表现：要素、水平与指标［J］．教育发展研究，2012（Z2）．

[3] 徐振球，徐洪．“书香校园”建设与发展推进策略［J］．教育科研论坛，2009（04）．

[4] 朱永新．书香，也醉人［M］．深圳：海天出版社，2013．

[5] 杨东铭．论职业院校书香文化的构建与创新路径［J］．职业时空，2015（01）．

[6] 杨东铭．从图书文化到书香校园再到文化育人——论高职院校图书馆的转型与升级［J］．职教通讯，2014（07）．

经营性实践教学基地建设的思考
——以金融保险专业为例

董祥友

摘　要　经营性实践教学基地不仅可以解决实践教学场所自身的发展，还能够完善实践教学体系，使学生得到优秀的实训平台。金融保险专业的经营性实践教学基地的建立可以实现金融保险专业与保险行业的融合，还能够在培养学生实践能力的基础上提高保险公司的经济效益，能够真正实现学校和保险公司的共赢。

关键词　金融保险专业、经营性实践教学、校企合作

作者简介

董祥友，鄂州经贸职业学院副教授，主要从事职业教育研究。

许多高校都需要进行实践教学，而学校本身的资金和资源不足，所以很多高校会选择与企业合作，实现高校和企业之间的资源互补，从而双方都能够在合作中有所收获。经营性实践教学基地就是学校和企业合作的一种方式，在学校中按照企业生产经营部门的规划进行布置，配备相关的设备，同时也需要按照企业的生产经营管理规定来进行管理，使得学校中的实践教学基地也能够具备生产和经营的功能。使用这种经营性的实践教学基地，学校的实践教学就不仅仅停留在试验的阶段，而是能够与企业的工作过程相结合，通过实践学生就能够了解企业中生产操作流程以及具体的操作方法，一方面能够完成实践教学工作，另一方面也可以让学生完成岗位实践工作。在高校中建立经营性实践教学基地属于一种教学改革，是以就业为导向对学生进行培养，以培养出符合企业需求的人才。

一、经营性实践教学基地的特点

其一，企业参与。高校建设经营性实践教学基地必须要有企业参与，这是校企深度合作的一种方式，是为了能够让学生在学习实践内容的基础上学习实践操作，能够体验企业生产过程中的操作。与此同时，建设经营性的实践教学基地也需要有足够的资金和资源支持，这些都需要企业的支持。脱离企业单独建设的实践基地缺乏实际意义，缺乏与企业生产相同的设备和管理，实践教学的效果也不够明显[1]。

其二，需要具备生产和经营的功能。对于经营性实践教学基地而言，“经营性”的重要性不言而喻。在经营性的实践教学基地中，一般使用市场化经营的方式，也会让学生在实践的过程中接触企业的业务，这些业务都真实地来自企业，通过实际操作能够真正产生实物性的产品或是服务性的产品，通过这些产品也能够获得经济效益。经营性实践教学基地具备生产和经营功能就是为了让学生能够在实践的过程中多接触真实的生产内容，以提升实践能力。

其三，与企业的一致性。经营性实践教学基地需要具备与企业的一致性，包括生产车间的设备以及生产过程等，参照企业真正的生产车间对学校的实践教学基地进行布置，同时在实践教学的过程中也应当按照企业的管理规定进行管理，包括操作的流程、生产质量的检测标准以及考核方式和业绩要求等，都应当与企业保持一致，这样学生就能够在实践的过程中逐渐熟悉市场的标准以及企业对实践能力的要求，从而能够在这样的环境下培养出符合市场和企业需求的实践性人才。

二、建设经营性实践教学基地对于金融保险专业的实际意义

（一）能够完善实践的教学体系

建设经营性实践教学基地能够让学生体验到真实的工作环境，能够通过实践过程提前了解和适应工作的具体情况，从而有针对性地对学生进行培养，学生本身也能够具有努力的方向和目标。保险实务就是在承保过程中的核生存调查以及对于保险合同的修正、给付、退保等操作，金融保险专业的学生就是需要学习保险学的基本知识以及保险管理等，那么学生就需要通过在经营性实践教学基地的学习熟悉保险公司的具体事务，能够了解保险公司对于岗位的具体要求，那么学校就可以根据保险公司的要求有方向性地对学生的整体素质进行培养。针对金融保险专业，学校可以选择具有权

威性的保险公司进行合作，共同建设经营性实践基地，在实践教学的过程中融入企业的文化，让学生能够通过教学实践更加了解合作企业的文化。另外，通过经营性实践，也能够培养出符合保险公司岗位需求的学生，让学生能够提前适应保险公司的工作，适应这个行业对员工的要求。在真实的经营环境下，进行实践教学，就能够让学生由认识实习、进行教学实践到能够顶岗实习，熟悉工作流程后就可以比较顺利地就业，从而形成一个完整的教学体系[2]。

（二）使得学校和企业共赢

建设经营性实践教学基地是校企深度合作的表现，企业会提供资金和资源来支持实践教学基地的建设，帮助学校培养人才，学校也应该能够通过实践基地的建设帮助企业提高效益。如果企业在经营性实践教学基地的建设过程中提供了资金和资源，但是却没有给企业带来实际的利益，非常不利于学校和企业的长期合作，企业也会因此失去与学校合作的积极性。所以应当能够实现学校和企业共赢，才能够促进校企深度合作的形成。建设经营性实践教学基地，应当是由学校和企业共同主导的，对于学校而言，通过经营性实践教学，可以帮助学生尽快适应企业的要求，能够熟悉保险公司的业务。而对于保险公司而言，通过经营性实践教学，学校的学生能够在实践的过程中帮助保险公司处理一部分业务，从而能够产生一定的经济效益。同时，学生实践过程中只有产生业绩时，保险公司才提供报酬，那么保险公司就能够节省一部分成本。另外，在经营性实践教学过程中，保险公司对于学生的培养具有发言权，也就是需要按照保险公司的职位要求对学生进行培养，比如可以要求学校增加某些训练内容以及课程等，将员工进入公司之后的培养过程提前，那么保险公司就能够节省很大一部分岗前培训费用，校企合作过程中保险公司与学校资源共享，保险公司就可以享用学校的师资力量，实现对自己未来员工的培养。在学生完成实践之后，也并非所有的学生都有资格进入保险公司中工作，而是由保险公司根据实践过程中的观察和考察结果择优录取，这些学生都已经了解了公司的企业文化、熟悉了保险公司的业务并且已经适应了企业的管理，还具备岗位技能，对于保险公司而言能够节省成本提高效益，能够与学校达到共赢。

（三）学生得到优秀的实训平台

建设和运行经营性实践教学基地，是一种工学交替的教学模式，对于金融保险专业的学生而言非常重要。金融保险专业的学生在进入社会之前应当能够了解业务处理方法，很多学生希望能够提前参与实践工作，但却缺乏途径和平台，那么经营性实践教学基地的建设就可以有效地激发学生的动力。对于学校而言，参与实践的是学生，而对于企业而言，参与实践的就可能是未来的员工，在经营性实践教学基地中，学生能够提前熟悉保险公司的企业文化和业务要求，能够了解各种职位的职责，对保险公司实际的产品和服务也能够进行细致的了解。在实践的过程中，还能够将理论与实际相结合，进一步巩固基础知识。经过经营性实践，学生能够具有一定的工作经验，在进入保险公司之前能够节省参与培训的时间，进入保险公司之后也能够更加得心应手，熟悉业务，那么就业也更加容易。所以经营性实践教学基地也给学生提供了非常优秀的实践平台，帮助学生对未来的工作进行了解和熟悉，实现毕业和就业的衔接[3]。

三、建设金融保险专业经营性实践基地内容的思考

（一）选择合适的合作项目

在建设经营性实践基地的过程中，需要与合作的企业商议合作的项目。在项目选择的过程中需要考虑两个问题。其一，引进项目的难易程度。引进的项目需要选择难易程度适中的项目。如果选择了比较难的项目，项目难就意味着技术水平要求比较高，那么学生学习的速度就比较慢，能够上手的速度也比较慢。真正在经营性实践基地进行实践时，学生可能无法真正为保险公司做出贡献，那么工作效率就比较低，为企业创造的效益就比较低。

但如果引进了比较容易的项目，那么对于学生实践技能的培养就失去了实际意义，很多学生不需要实践都能够完成一些简单的项目，同时，让学生通过实践完成简单项目也不能够给保险公司创造比较高的收益。其二，在选择合作项目时，应当综合考虑保险行业以及金融保险专业的实际情况和特点，使得这一项目在经营性实践教学基地中能够长期运行。

对于金融保险专业的学生而言，一般在保险公司内负责保险内勤服务或是保险销售。保险内勤是指做好核保、理赔、客户服务等工作，具有比较大的技术难度，同时工作内容比较烦琐，还会涉及保险公司内部的机密问题，所以一般不会使用这些项目作为经营性实践教学基地的实践教学内容。而保险销售顾名思义就是根据其他人的实际情况向他人推销保险。保险包括人寿险、银行保险等，这类工作的技术难度不高，并且业务也比较独立，不受其他业务的影响，能够作为经营性实践基地的实践项

目。综合考虑项目的难易程度以及与金融保险专业的相关程度，在学校和保险公司合作时，可以选择保险销售这一项目，同时采用建设保险呼叫中心或是保险业务部门的形式来建设经营性实践教学基地，让学生通过实践提升自己的实践能力，提升对业务的熟悉度[4]。

（二）建设保险经营实践基地

对保险经营性实践教学基地的建设本身就是校企合作的一种形式，可以促进学校和企业资源的共享，由学校来提供参与实习的学生、建设实践基地的场所以及实践基地内部的基础设施。一般而言，针对金融保险专业建设的经营性实践教学基地的面积在 100 至 200 平方米即可，如果要按照保险呼叫中心来模拟实践场所，可以建设 70 至 100 个人工呼叫座席，并且需要为每一个座席配备工作台、计算机以及网络等基础设施，供学生实习使用。由于保险公司中一般使用电话呼叫来销售保险产品等，那么在经营性实践教学基地中，让学生参与经营实践的过程中，保险公司需要提供实习学生的报酬，一旦学生的业绩达到保险公司的标准，保险公司就应当提供报酬。同时，保险公司还需要负责设备的维修费用。如果学生的实践情况比较乐观，保险公司还应当提供顶岗实习的平台，以择优录取一些表现优秀的学生，并且为这些学生提供进一步的培训。

（三）对金融保险专业经营性实践教学基地的管理

在学校中建设经营性实践教学基地，是要求学校和企业共同管理的，需要按照企业管理标准和管理理念、方法等进行管理，安排专门的管理人员对学生的实践进行日常管理。由于学生与企业中的工作人员还有所不同，所以可以针对经营性实践教学基地中的学生专门制定一些奖惩制度。但是管理方法、标准以及业绩报酬制度等都应该与企业相同，这样可以帮助学生尽早适应企业的管理标准和方法，同时按照企业的业绩报酬等也可以对学生起到激励的作用。学校根据企业的需求对人才进行管理和培养，结合保险公司的实际工作来对学生进行项目化的实践培训工作，使得金融保险专业的学生能够具备在保险公司工作的能力[5]。

（四）金融保险专业经营性实践教学基地的运作

在保险公司中，电话销售的业务一般针对汽车保险以及人寿保险，这些业务都具有一定的难度，可能学生实际实施过程中的设施条件跟不上，所以学校可以和企业进行协商，在学校的经营性实践教学基地运作过程中，可以让学生办理电话赠险业务，使得学生的操作难度能够有所减小，比较容易达成目标。与此同时，保险公司参与经营性实践教学的风险也能够有所降低，使得实施难度减小。学生参与经营性实践教学之前，可以首先参与培训，保险公司负责给学生提供客户的电话，那么学生就负责给客户拨打电话，对保险赠送业务进行推广，从而达到累计客户的目的，还能够对保险公司进行宣传。而保险公司就根据学生的完成程度向学生发放报酬。运作的过程也需要保证全程按照保险公司的管理制度进行，也能够培养学生的专业技能。

四、结语

经营性实践教学基地的建立基于学校和企业的深度合作，对于金融保险专业的学生而言，经营性实践教学基地的建立也非常有必要，学生通过参与经营性实践，能够尽可能地熟悉保险公司的文化、业务内容以及管理方式、规定、标准等，能够同时接受学校和保险公司的培养。在这个优秀的实践平台上，学生能够直接体验工作的内容，也可以将学习和工作相融合，能够有效地培养学生的实践能力和职业素养，以满足保险行业对于人才的要求。

参考文献

[1] 张勤.对高职实践教学基地建设的再研究[J].武汉船舶职业技术学院学报，2017(4)：25.

[2] 刘根梅，刘军根.校企共建高职金管实务类专业实践教学基地研究[J].知识经济，2017(14)：25.

[3] 董银霞，刘肇民，张幸辛，等.保险专业实践教学基地建设研究[J].教育教学论坛，2017(21)：56.

[4] 董正春.高职院校金融保险专业加强校外实践教学基地建设的几点思考[J].湖北函授大学学报，2011(8)：31.

[5] 陈丽君.金融保险专业加强校外实践教学基地建设的几点思考[J].现代经济信息，2012(4)：37.

“互联网+”背景下高职院校校园文化建设探析

李慧萍　刘海舒

摘　要　“互联网+”时代的到来，给高职院校校园文化建设工作带来新的挑战和重大机遇。“互联网+”背景下建设符合时代发展需要，同时具有自身特色的校园文化是高职院校完成教育目标和育人要求的必经之路。

关键词　“互联网+”、高职院校、校园文化

基金项目　本文系重庆市教育科学研究院2017年课题“思想政治教育载体的现代构建与有效应用”（编号2017-GX-171）部分成果。

作者简介

李慧萍（1980—），重庆工业职业技术学院党政办主任，副教授。

刘海舒（1973—），重庆工业职业技术学院，图书馆工程师。

“互联网+”时代的到来，给高职院校校园文化建设工作带来新的挑战和重大机遇。“互联网+”背景下建设符合时代发展需要，同时具有自身特色的校园文化是高职院校完成教育目标和育人要求的必经之路。2015年3月5日十二届全国人大三次会议上，李克强总理在政府工作报告中首次提出“互联网+”行动计划，标志着中国“互联网+”时代的到来。“互联网+”不仅仅是一个IT技术热词，更成为一个时代背景的象征。高职院校应抓住机遇，顺应时代潮流，借助“互联网+”时代的巨大推动力，使校园文化建设翻开新的篇章。

一、“互联网+”背景下高校校园文化建设的意义

校园文化是一个学校在长期发展过程中所积累的能够代表广大师生员工精神面貌和精神气质的文化综合体，是衡量一个学校办学实力和办学水平的重要标准。“互联网+”校园文化，是指学校利用互联网手段，特别是以移动客户端和数字媒体等为代表的新媒体深度参与的校园文化建设。

建设符合时代和社会发展需求，同时又具有自身特色的校园文化是高职院校完成教育目标和育人要求的必经之路。

（一）“互联网+”为高职院校校园文化建设注入了新的理念

“互联网 +”在社会发展中作为一种新的技术形态和经济形态呈现，形成一种以点到面无处不在的存在形态，这种技术和经济形态冲击着社会各个领域，在校园中更是直接以一种价值、文化形态展现出来。在“互联网 +”背景下，高职院校校园文化建设应顺应这种技术发展趋势，才能适应时代的发展需要，更好地为社会提供人才服务。在“互联网 +”背景下，高职院校应利用互联网和互联网思维模式创造具有高职院校校园文化特色的多种表现和传播形式；同时，要结合高职院校科学研究、人才培养模式的特点，突破传统校园文化建设的模式和方法，使校园文化建设融入信息社会“互联网 +”发展的大趋势中，借助“互联网 +”的新理念为校园文化建设带来新的面貌。

（二）“互联网+”为高职院校校园文化建设激发新的活力

“互联网 +”时代的到来，极大地改变了校园文化宣传的传统方式，使高职院校校园文化建设不仅仅局限于书面和平面化的表现形式。在“互联网 +”新技术形态下，可以为校园文化的宣传和宣扬找到亲和度更高效率也更高的表现形式。例如，利用移动客户终端和数字校园系统形成虚拟的校园文化环境，使学生随时随地都能感受不一样的校园文化；当然，同时还可以利用移动客户终端和数字校园系统实现一些务实的信息化功能，为师生带来不一样的数字文化体验，极大地开拓高职院校校园文化建设的新方向和新思路，为高校校园文化建设激发新的活力。

（三）“互联网+”为高职院校校园文化建设提供了新的平台

“互联网 +”技术的快速发展和应用，使人们的联系更加紧密、交流更加频繁和顺畅。高职院校作为普通高等教育的重要组成部分，成为文化和技术信息的重要集散地。“互联网 +”的广阔平台不仅能使校内的师生们充分进行学术和思想交流，同时能使高职院校更好更紧密地融入社会的大文化环境。在产教融合方面，“互联网 +”技术信息平台起到了很好的桥梁作用，企业可以通过“互联网 +”技术信息平台了解高职院校学生的专业学习情况以及学院的应用型技术的研发情况，高职学院可以通过“互联网 +”技术信息平台了解行业的发展状况和企业的人才需求状况。“互联网 +”为高职院校校园文化建设提供了新平台。

二、“互联网+”背景下高职院校校园文化建设的现状

（一）网络信息平台推广力度不够，影响范围不大

目前各个高职院校都开展了利用互联网构建自主网络信息平台的工作，但是网络信息平台推广力度不够，影响范围不大。学校使用的网络信息平台，包括学校的官网、官方微博、微信公众号发布的信息，学生关注度普遍较低，很多学生只在信息网络平台开通初期关注一下，成为“粉丝”，在后续的学校生活中很少浏览学校的信息网络平台，据有关数据显示，只有 10% 左右的“粉丝”会经常点击浏览学校信息。

（二）数字媒体质量不高，吸引力不够

打开各高职院校的各类网络信息平台，会发现只有官网的信息发布和更新比较及时，用于移动客户端的官方微博和微信公众号的信息都是比较陈旧的，没有及时更新。同时，不管是官网还是移动客户端页面的设计都比较传统，时下流行元素应用较少，难以吸引学生的眼球，对学生的吸引力不够。

（三）网络文化活动开展较少，思想引领力度不够

目前大多数高职院校的校园文化活动开展得还算是比较丰富，但其中在网络平台组织或在网络平台开展的文化活动却相对较少。整体来看，缺乏有深度的、有教育意义的网络文化活动。学生社团也较少利用网络信息平台组织学生活动。一些院系在网络平台上上传了思想政治网课，但是表现形式比较单一，都采用的是传统讲授方式，引不起学生兴趣，网课的关注度和参与度比较低。高职院校基本没有实现通过网络活动和网络教学来在思想方面引导和教育学生。

（四）学校整体信息化建设水平有限，数字化应用水平较低

数字化文化氛围的营造，依赖于学校的整体信息化建设的水平。近几年，高职院校的信息化建设工作投入大发展快，但是整体还没有达到较高的水平，特别是在软件应用和思想方法上的发展水平还跟不上“互联网 +”时代的发展。有的高职院校甚至只有官网，没有开通任何类似官方微博、微信公众号的移动客户端的应用。

三、"互联网+"背景下高职院校校园文化的建设途径

（一）注重数字媒体内容的实用性，提高官方网络媒体关注度

通过移动客户终端阅读和查看网络数字媒体信息已成为当今人们即时获取信息的主要方式。高职院校应引导学生正确上网，要让学生养成点击、关注学校通过各种网络信息平台发布信息的习惯，学校应采取各种措施和办法以增强学校官方网络媒体的吸引力和关注度。首先，学生部门和宣传部门可以利用张贴广告、举办推介活动等方式，推广学校官网和一些移动客户端应用软件，其中包括在智能手机上应用较多的官方微博、微信公众号和 APP 应用程序。二是数字媒体的内容在设计上要做到美观和实用并重，学校数字媒体除了要美观、时尚以外，更要注重实用性。学校的 APP 应用程序除了发布学院各种新闻和重要通知之外，更应贴近学生学习生活，满足学生学习生活的基本需求。例如，新生能通过 APP 应用完成报到、缴费、选床位等一系列的报到流程；学生在日常学习生活中能通过 APP 应用实现查询课表、网上选课、成绩打印等学习事务的管理；毕业生可以通过 APP 应用完成毕业设计选题，毕业论文提交、顶岗实习情况汇报等任务。随着实用性的提高，各种官方媒体的关注度也会随之提高。

（二）提高数字媒体内容质量和时效性，扩大官方媒体影响力

与学生密切相关的信息，第一时间通过官网、官方微博、微信公众号、APP 应用程序等渠道发布，并通过软件的提醒功能让学生及时阅读。同时，要让学生实名登录例如"我的图书馆""我的班级"等网络应用软件，在各种应用软件中学生不仅可以随时完成获取校园资讯、查找学习资料等任务，更能和在线师生们进行实时交流。数字媒体的内容质量是吸引师生关注的关键。学校要加强组织新闻内容的能力，争取在学校各个层面都有新闻通讯员，同时鼓励通讯员，特别是学生通讯员多在学习生活中寻找新闻亮点。在新闻写作上可以融入一些健康的网络创作方式，针对学生读者多的特点，多创作一些吸引学生的新闻作品。同时，从媒体的传播方式上来看，创新网络传播的方式方法是校园文化建设的重要工作，网络媒体的传播方式需要不断有新思路、新方法、新形式，给人以新鲜感。这些工作都应让学生参与其中，积极听取和采用学生们年轻而具有活力的思想方法，扩大学校官方媒体在学生中的影响力。

（三）创新设计和组织校园文化活动，加强思想引领

在“互联网＋”背景下，高职院校校园文化建设应运用互联网思维和互联网技术将互联网、新媒体与校园文化活动结合起来，在传统方式和新媒体、新技术的互动中，形成一种创新的校园文化活动设计和组织模式。利用网络信息平台灵活性大和互动性强的特点，加强顶层设计和平面组织校园网络文化活动，广泛地调动学生们参加校园文化活动的积极性。例如，引导学生社团正确使用网络平台发布信息和组织活动。在学生部门监管制度下，给学生社团一定的信息发布权限，让学生社团通过网络平台在线上和线下组织学生的社团文化活动。同时，各级学生组织应积极开辟校园微信、官方微博以及校园网络群发平台，及时推送校园动态资讯；有序建立微信、QQ 学习群等信息渠道，及时了解和掌握学生的思想动态和学习动态，给学生提供学习辅导和人文关怀，营造良好的育人环境，在潜移默化中给学生引导和灌输正确的价值导向。

（四）推进智慧校园建设，营造数字文化氛围

近年来，很多高职院校都在加快智慧校园的建设步伐，努力推进以公共数据集成平台、一卡通应用平台、学校管理支持平台、网络资源管理平台、智能提示平台、网络互动平台等为主要内容的智慧校园建设。智慧校园的建设与发展，给师生们带来了非同一般的数字化教育和学习体验，教学资源的全面数字化使教学形式变得更生动更多样化；学生的学习方式也更为灵活，师生之间的互动更是沟通无极限。

智慧校园的建设本身会形成一种“智慧校园文化”，这种“智慧校园文化”将会成为未来校园文化的重要组成部分。同时，智慧校园建设也会给其他校园文化的积淀和传播带来巨大推动力。要形成特定的校园文化氛围，必须要实现校园文化信息的随时呈现、随处呈现，智慧校园的建设就能为校园文化信息的随时呈现、随处呈现提供这样一个平台和依托，从而形成一个信息化、智慧化的校园文化环境。“互联网＋”时代背景下的校园文化建设在体会到智慧校园给其带来的前所未有的助力，会反作用于智慧校园建设，也可大大推动智慧校园建设的进程，二者相辅相成，互促发展。

“互联网＋”时代所产生的经济形态、技术形态及网络文化氛围，对高职院校的校园文化建设起着重要的影响，既有冲击也有助力。如何利用网络资源更好地推进校园文化的建设是一个需要长期研究和探讨的课题。高职院校校园文化建设应紧跟“互联网＋”时代的信息技术发展的脚步，同时结合当代大学生的思维观念，不断地改进校园文化建设的方式方法，只有这样，才能形成优良的校园文化环境，高职院校才能在

长期的发展中完成教育目标和育人要求。

参考文献

[1] 余礼凤.“互联网+”背景下高职校园文化建设研究[J].辽宁高职学报，2017，19(04).

[2] 赵慧.高职院校“互联网+”校园文化建设探析[J].教育与职业 2017(04).

[3] 伊武科.“互联网+”背景下高校校园文化建设路径探析[J].重庆科技学院学报(社会科学版)，2017(05).

[4] 黄滨.“互联网+”背景下的高校校园创业文化建设 高校辅导员学刊，2015，7(06).

[5] 段强.互联网背景下校园文化建设与思想政治教育的融合探究[J].现代经济信息，2018(11).

高校思想政治理论课程与案例教学研究

周　玲

摘　要　案例教学是一种引导、启发式的教学方法，对于思政课教学中理论联系实际、增加学生学习的主动性参与性，有着积极的作用。目前高校思政课案例教学在案例选编、案例素材库建设、教学实施等环节都存在一定的盲区和误区，需要做进一步的系统研究和探讨实践，使其正确、合理地运用于教学之中，真正提高思政课教学的实效性。

关键词　思想政治、案例教学、教学研究

作者简介

周玲，电子科技大学副教授。

思想政治理论课程是大学思想政治教育的主要渠道，承担着对大学生进行系统的马克思主义理论教育的任务，是帮助大学生把握时代脉搏，树立正确世界观、人生观的重要途径。党和国家历来重视高校思想政治理论课的教学情况，先后下发《关于进一步加强和改进大学生思想政治教育的意见》、《关于进一步加强和改进高等学校思想政治理论课的意见》等系列文件，旨在加强高校思想政治理论课的课程地位，改进高校政治思想课的教学效果，要求各高校“精心设计和组织教学活动，认真探索专题讲授、案例教学等多种教学方法”，理论联系实际，紧贴课程与学生思想实际，使思想政治课程有血有肉，入心入脑。

作为一种引导、启发式的教学方法，案例教学引入思想政治理论课程教学，有利于在教学过程中理论联系实际，提升学生学习的主动性、参与性，日渐受到高校思政课教师的重视。但就总体而言，案例教学引入高校思政课程教学时间较晚，相关经验积累不够丰富，实际运用水平有待进一步提高。无论在案例教学的目的和定位、教师学生的角色设定等问题的认识上，还是案例选

编、案例库的建设、教学实施等环节都还存在一定的盲区和误区，需要不断改进和深入研究，使得这种“以学生为本”的教学方法能够更加正确、合理地使用，切实提高高校思想政治理论课程的实效性。

一、正确认识高校思想政治理论课程定位与案例教学的相互关系，是保障案例教学正确实施、取得实效的前提

高校思想政治理论课程集科学性、思想性、实践性于一体，具有较强的理论性、逻辑性和抽象性。传统的教学方法以教师为主体，以教材为中心，通常采取老师一讲到底的教学方式。教学中，注重理论体系的讲解和概念强调，课堂互动性弱，学生参与性不够，教学体验差。这与长期以来思政课教学方法单一、内容设计重理论轻实践等不无关联。为了更好改进教学方式，提升教学效果，相关部门和广大教师做了多方研究和尝试，如在课堂外强化实践环节，鼓励学生通过社会调查等途径了解社会，增强其对课堂教学内容的理解；在课堂内则注重理论联系实际，多采用举例的方法增强教学内容的生动性和现实性。尤其在互联网发达的今天，思政课教学可充分利用可视化教学方式，加大可视化设计的力度，提升教学的可视性，使理论教学更具直观性，案例教学有更好的延展性，切实提升课堂的丰富性，增加的思政课程的吸引力。

一般而言，可视化教学设计是在具备移动互联技术和屏显示技术的教学条件下，对教学内容进行可视化设计，通过绘制概念图和思维导图，形成认知地图和语义网络，完成知识点的教学工作。具体到思政课程的教学，一是通过绘制概念图和构建思维导图，引导学生有效把握课程的理论框架和内在逻辑；二是增加案例讲授的直观性与生动性，提升教学的互动性，变单向式教学为双向互动式，有效提高师生的互动性和学生学习的主动性。

二、正确处理好案例教学与理论教学的关系

思政课程中引入案例教学并不是为案例教学而教学。可以说，案例教学并不是针对思政课的教学目的、要求和特点建立起来的，而是一种“外来”的教学法。它不仅源自西方，来自不同学科，而且已经发展成为一种成熟的教学方法和教学手段，有一套行之有效的操作理论、操作规范和操作模式。最初用于商学院教学，是商学院培养和提高学生知识能力创设的一种教学方法。它运用典型案例，将学生带入特定事件的

现场进行案例分析，通过学生的独立思考或集体协作，进一步提高其识别、分析和解决某一具体问题的能力。其核心是要求学生能够运用所学的理论知识去实际分析解决现实问题，进而达到培养和提高学生能力的教学目的。案例教学通常分为问题评审型、分析决策型、发展理论型几种案例模式，以培养学生解决问题的实际能力为核心。从一般的意义上讲，高校开设的所有学科都是为了培养学生的能力，但是思想政治理论课兼具政治性与理论性的特点，其主要任务是帮助学生树立正确的世界观、人生观，对学生的意识形态产生积极的引导作用，并非一般的能力培养。所以在引入案例教学时，不能简单移植其他课程的做法，否则对思政课来说不仅无益，甚至可能是有害的。

在思政课上运用案例教学，必须正确认识和处理好案例教学与理论教学的关系，不能因案例教学的优势而否定理论教学的重要性和必要性，更不能将案例教学作庸俗化理解，削弱思政课程的严肃性、科学性。对思政课来说，理论知识的讲授仍然是主要和重要的教学内容。案例分析虽然能有效地培养学生分析问题、解决问题的能力，但并不能取代理论教学。也就是说，可将理论教学视为案例教学的前提和基础，将基本原理与方法作为案例分析的基本工具。教师运用案例教学，目的是辅助理论教学，让学生认识到个案特殊性的背后所蕴藏的普遍性。如果只讲个案，不仅不能保证学生从中准确、系统地认知理论知识，反而容易诱导学生“以偏概全”，形成一些不全面、不客观甚至不正确的判断。相应地，可将案例教学作为理论教学的深化和延伸，较好地运用它所具有的引导性、启发性，来弥补理论教学的不足。所以，教师一定要自己先认识到理论教学与案例教学的关系，把握好二者的度。

三、精编案例，认真组织，重视细节，是思政课案例教学顺利进行的基本保证

案例教学是一种手段，需服务于思想政治理论课的教学目的。案例教学不是简单的举例子，而是一个系统工程。教师必须精心准备、认真实施，才能保证案例教学顺利进行，达到预期效果。

思政课案例教学一般包括以下几个环节：

（一）案例选择。教学案例是案例教学的载体，案例教学的效果与案例选择有很大关系。在思政课的案例教学中，恰当的案例是成功进行案例教学的前提条件。所谓恰当的案例，应该具备真实性、针对性、时效性和完整性等特点。笔者认为，案例选择的形式相对来说不太重要，影像作品、新闻报道、文字分析、采访录音等都可以选作

案例，只要便于呈现即可。与案例形式相对的案例内容则非常重要，需要精心选择，必须与课程内容相融通，与社会现实不脱节，符合学生群体的关注点和兴趣，能够引起他们的共鸣与思考。从案例中引出的议题应该是开放的。就目前而言，一些教师在进行案例教学时，将其简单等同于举例教学，且案例选择面小，结论单一，并没有给学生提供思考和讨论的空间，并不符合案例教学的要求。

（二）案例编排。案例编排是思政课案例教学最重要的环节，是是否达到预期效果的决定性因素。在这一环节中，需要教师付出相当多的精力，剪辑素材、编写预案、设计问题、安排时间。剪辑素材要考虑形式多样、生动有趣，能综合利用各种现代教学设备和手段，主题明确，线索清晰。预案编写要具体翔实，既确定整个案例的基调，又充分考虑变数，尽可能做到“不打无准备之仗”。问题设计一是紧扣教材，解决教材的重点难点问题；二是结合社会生活实际，化解学生的疑难；三是具备开放性，能够拓展学生思维；四是有思辨性，适宜课堂讨论。事实上，要求每则案例都能达到以上要求是比较困难的，教师在实际编排上可根据具体情况各有侧重。至于案例教学的时间安排应相对独立完整，需在教学计划中明确标示出来。同时，根据思政课的教学性质，案例教学虽然有助于教学效果的提高，但也不宜安排过多，应该少而精，才能达到以点带面的教学效果。

（三）组织实施。高校思政课都是必修课，面向不同专业的学生，在不同的年级开设，所以案例教学的实施需要根据具体情况灵活实施。具体实施过程首先是提出案例。提出案例的时间在理论讲授的前、中、后三个阶段皆可进行。理论讲授前的案例教学可启发学生思维，引起学生对问题的关注，继而展开理论讲授。理论讲授中的案例教学要紧扣知识点，主要作用是答疑解惑，让学生学以致用，运用学到的原理对案例进行理论分析，提高其理论素养和实际分析能力。这类案例设计不宜复杂多解。至于在理论讲授结束时提出的案例，可以选择问题较复杂深入、不是简单是非判断的案例。这类案例不仅能够引起学生的深思，还可以根据问题和所在高校的教学条件，对学生做进一步的要求，如查阅资料、网上调查等等，把思政课的教学延伸至课外。

案例教学实施阶段的第二步是组织讨论。这个环节可以通过多种途径和方法完成，如利用校园网建立的课程交流平台、论坛、案例分析报告，甚至通过教师的公共电子邮箱也可以进行。不过，笔者认为，集体讨论和发言是案例教学最有效的实施方式，不仅能增加所有学生的参与性，而且常常比单一的教师点评具有更高的关注度。这个环节比较难把握的是问题的走向和时间的控制。对同样的案例，由于学生的思维方式和思维成熟程度存在较大差异，教师很难预先做好所有准备，不过可以预先设计一些封闭或半封闭的提问来控制问题的发展方向。可以深入浅出，引导学生思考一些较复杂深邃的问题；也可故意出难题，引导学生对问题的讨论更加深入。此外，案例教学的时间控制也是一个难题，尤其是在学生课堂讨论（或辩论）的时候，容易出现学生达不到所需的理论高度、纠缠于细节、解决不了问题等情形，教师可在必要时给予一定的理论评点，起导向性提升性的作用。对于容易引起争论的案例，也可通过课后交流完成，这样既可弥补课堂时间的不足，也为师生之间在更大范围的思想互动创造了条件。

（四）归纳总结。案例教学的归纳总结既指对实施阶段的总结，也指对整个案例的总结。对任何事物来说，总结都是提升实践的重要过程。总结实施过程，可以再次强调知识点，还可通过对学生参与过程的肯定和评点，为以后的案例教学建立一定的模式。当然，教师对本次案例教学全过程的总结更为重要。需要总结的东西很多，如案例选编是否适当、设计是否科学合理、是否符合教学要求、是否引起学生关注、是否需要改进等等。这些经验总结对后期的案例教学有相当大的借鉴意义。

四、高校思想政治理论课推行案例教学的难点分析

难点之一是思政课案例库很难建立。以法学、经济管理学等推行案例教学的经验来说，建立一个丰富的案例库，是推动案例教学在实践中不断丰富完善的必要条件。如人民大学的经济论坛案例库系统是目前国内最大的经济管理教学案例库，收录各类案例近10000个，涵盖西方经济学、制度经济学、国际贸易、财务会计、物流管理、人力资源管理、商业银行经营与管理、投资学等100多个经管类院系常设课程，可以为全国的经管类教师提供案例教学素材。然而对思政课来说，可以用于案例教学的素材虽然不计其数，但大多时效性极强，很快就时过境迁，不再适合教学。如果没有一个素材库为广大一线教师提供案例教学的材料支持以及较成熟的案例，教师们花费大量时间和精力，精心设计出的多是“一次性”的教学案例，其结果可想而知。

难点之二是如何引导学生适应案例教学方法。案例教学是师生互动式教学方法，侧重于运用理论分析问题和解决问题的过程，引导学生从不同视角分析案例，从多个纬度寻找解决问题的方案，要求学生不断调整角度、变换思路、独辟蹊径、敢于突破，充分发挥想象力和创造力。这对学生的基本素质、文化基础都提出了一定要求。由于我国思政课教学长期采用单向“填鸭式”的知识灌输，学生习惯了教师唱主角、自己当听众，所以在案例教学中，学生常常表现出消极被动的姿态，不敢或不愿表达自己

的观点，课堂气氛很难活跃起来。部分学生习惯将问题做简单的对错划分，部分学生则对无关自己的事情毫不关心，这些情形都造成案例教学的效果不理想。加之考试模式并未做出相应调整，仍然是规定考试题型、考试方式，并要求附有标准答案（或参考答案），客观上削弱了学生参与的主动性和积极性。所以，在思政课推行案例教学，是高校思政课教学理念和思路上的一次革新，需要相关政策配套进行，否则待以时日，极有可能流于形式，无功而返。

难点之三是如何激励教师采用案例教学。与传统教学方式相比，案例教学对教师的知识结构、教学能力、工作态度及教学责任心提出了新的要求。教师不仅要具有深厚的马克思主义理论功底和相关知识素养，还要具备丰富的教学与实践经验；既要不断更新教学内容，也要关注当代不断变化的社会经济生活，对现实热点问题保持高度的敏感，需要付出更多的时间与努力。如果对高校思政课教师的工作量统计不计入案例教学的研究和准备工作，就很难调动教师参与教学改革的积极性。如果缺少一线教师的研究和亲身实践，要提高思政课案例教学的质量则会相当困难。

综上所述，提高高校思政课教学效果是一个全面系统的工程。案例教学作为一种新型的教学模式，推动了高校思政课教学的发展，取得了一定的教学效果。但对于不同学科而言，案例教学的方式方法是不一样的。高校思政课案例教学的发展亟需有关研究部门和广大教师共同努力，对其具体方法和模式进行系统研究，找到理论教学与案例教学的最佳契合点，找到克服上述难点的有效方法，找到与其他教学方法的结合点，才能最终形成一股合力，促进高校思政课的实效性、科学性的全面提升，适应不断提升的教学需求。

参考文献

[1] 杨慧民．加强对思想政治理论课案例教学特质的研究［J］．理工高教研究，2008（2）．

[2] 殷旭辉，王华．案例教学法在思政课教学中的应用［J］．黑龙江教育，2012（5）．

[3] 张民杰．案例教学法理论与实务 [M]. 北京：九洲出版社，2006.

[4] 韩美群．高校思想政治理论课案例教学测评机制探析［J］．思想理论教育，2010（7）．

高职外语教学中的文化导入
——以俄语为例

晏 蓉

摘 要 高职外语教学不仅要向学生教授语言技能，更要立足于语言的交际功能，培养学生在跨文化实践交际中对语言进行正确的驾驭和把握。交际中非常重要的一点就是要体现平等、尊重的原则。如果不了解不同民族文化的异同，往往会让对方认为自己不受尊重，甚至有不公平的感觉，进而造成交际中的误解甚至冲突。外语教学中的文化导入已成为必需。

关键词 高职外语教学、文化导入、跨文化交际素质

作者简介
晏蓉，俄语语言文学博士，深圳职业技术学院讲师。

一直以来，外语教学的目标是培养学生听、说、读、写、译等基本语言技能，没有强调文化因素导入的必要性，并形成一定的教学方法。文化背景知识通常只是贯穿于课堂教学当中，是顺带提及的介绍性内容。随着对外交往的加深，外语教学中文化因素的导入越来越成为外语教学改革关注的重点之一。

一、语言与文化密不可分

文化是一种复杂体。广义上的文化包含实物、知识、信仰、艺术、道德、法律、风俗以及社会上习得的能力与习惯等各个层面。文化学研究者将文化分为“公开的文化与隐蔽的文化”（顾嘉祖 2005，8）。公开的文化表现为外在的，可触摸得到的东西，比如不同民族的建筑、服装、饮食、工艺品等等，隐蔽的文化则表现为内在的，看不见摸不着的东西，比如民族心理、审美、价值观、世界观等等。“隐蔽的文化”因其隐藏在表层现象之下，所以需要不断地挖掘。语言作为文化的载体和重要组成部分，“相对而言，比较容易找到某一民族隐蔽文化的途径还是在该民族的语言宝库

中寻找”。(同上，12)

语言是文化的载体，文化通过语言得以呈现。语言最主要的功能是交际功能。信息的传递、社会关系的建立都离不开语言在人际交往中的作用。语言与文化相互制约的关系，使得纯粹意义上的语言结构形式无法实现语言的交际功能，在语言使用中，必须适应不同的文化背景，选择适合的语言表达形式，这样才能建立起与交际目的相协调的社会关系。语言形式和文化背景相结合才能产生相应的交际效果。

语言对文化的阐释和反映渗透在文化的各个层面，人类有目的的思维活动离不开语言形式及其意义的表达，语言意义产生也必须以社会文化背景为依托，二者共同作用，相互依存，密不可分。语言结构作为一种体系具有相对的稳定性，但是当思想意识、社会形态发展到一定的饱和阶段，这种相对恒定的体系也会发生质的变化。例如我国历史上的五四文化运动，这场提倡民主和科学的新文化启蒙运动，冲击了文言文的历史地位，充分反映了在社会思想、意识、文化变革中，语言的重要意义。

我们在外语教学中要充分考虑到语言的文化渗透，否则，纯粹语言形式的传授无法真正让学生领悟语言的意义，很难在交际实践中正确使用语言表达来实现其交际目的。

二、在高职外语教学中应加大文化导入的比重

高职外语专业培养出来的毕业生，一方面要有相应的外语语言基础知识，达到一定程度的听说读写译的能力，能够流利地完成不同专业领域的交际任务，如商务往来、旅游、酒店管理等。

另一方面，要了解相关领域的专业知识，比如外贸实务、酒店管理专业知识、景点所在城市的历史特点、文化特色等，即语言表达和专业知识都要具备，这样的毕业生才能胜任未来工作岗位的需求。但同时我们要注意到，高职外语教学不仅要向学生教授语言知识，更要立足于语言的交际功能，培养学生对语言知识的运用能力，也就是要培养学生能够在实践交际中对语言进行正确的驾驭和把握。

交际中非常重要的一点就是要体现平等、尊重的原则。如果不了解不同民族文化的异同，也就是跨文化现象，往往会让对方觉得自己不受到尊重，甚至有不公平的感觉，造成交际中的误解甚至冲突。

比如说，与美国人或者与俄罗斯人面对面谈话时所应保持的距离各不相同，美国人喜欢保持一米到一米半的距离，非常亲密的人交谈时才可能有更近的距离，俄罗斯

人习惯的距离则是美国人的一半，如果距离过远，则被认为是傲慢、不尊重人的表现。因此，文化导入在更重实践的高职外语教学中应得到更突出的体现。

具体到高职外语教学中，我们可以让学生认识很多更直观的事物。比如莫斯科的红场，它的历史、地理位置，广场上的建筑、教堂，让学生知道这些字、词、句的俄语表达，我们更应该让学生了解与之相关的文化内涵，比如教堂建筑形式所蕴含的文化意义，俄罗斯的东正教等，让学生在学习俄罗斯历史、地理知识的同时了解俄罗斯的文化，体会俄罗斯的民族心理。我们不仅要让学生知道“Ни пуха ни пера!”的意思是“祝你好运！”我们还要让学生知道在什么时候、什么情况下，对谁需要说这样的话。要知道对文化理解上的错误比语法错误让人难以接受得多。我们说文化是一个民族的风俗、习惯、思想、理念等等有形的无形的东西世世代代的积淀，不同的民族有不同的文化体现，既包括语言方面，如文化的传播与交流是要通过语言这个媒介的，也包括非语言的，比如肢体动作、面部表情、体势语等。因此，我们在语言知识的教学中要深挖语言表层之下的文化内涵，只有深入了解不同的文化内涵，才能保证跨文化交际顺利进行，才能真正达到外语学习的目的。

三、文化导入在高职外语教学中的实现方法

我们目前的语言教学基本依托于教科书，与文化教学相脱离，主要是向学生教授与该种语言相关的语法、单词、语句等，忽略了文化导入方面的教学。而外语学习仅仅学习字词表面的意思是远远不能够达到交际的要求的，这样势必会造成交际过程中的障碍。因此我们提倡在语法教学过程中适当融合文化背景知识，同时将两国文化加以对比，这样既增加了教学过程的趣味性，也大大提高了学生对文化背景知识的把握。胡文仲先生总结了六种外语教学中提升学生文化背景知识的训练方式：以提供信息为主的训练；分析原因的训练；提高文化敏感的训练；改变认知行为的训练；体验型的训练；互动式的训练。这六种方式相互交叉，补充使用（胡文仲 2004：194）。结合教学实践，我们可以采用以下多种方法让学生了解中外文化差异，提升学生的跨文化交际素质。

（一）情景教学

在高职外语教学中我们更多地采用的是情景教学的方法。比如在讲“Встреча”这一课时，可以设计这样的情景：在机场接机，送花，相互介绍来宾，简单的问候。老

师提前把这一场景布置给学生，让学生分组在课下做好演练，在课堂上我们可以就学生的表演进行分析，学生可能并不十分了解俄汉文化的差异，所以在演练中会出现这样那样的错误，我们可以通过指出问题的方法把所要传达的相关文化背景知识融合进去，比如俄罗斯人送花的讲究，介绍来宾时所用的称呼，什么样的称呼是这种场合应该使用的，如何跟俄罗斯人寒暄问候等。情景教学模拟了现实生活中的真实情景，可以大大提高学生的学习兴趣，更直观形象，通过我们长期的试验，效果良好。

（二）多媒体教学

在高职外语教学中可以利用多媒体把具有俄罗斯风情的影视剧经过筛选并适当剪辑后在课堂上进行播放。比如 Ирония судьбы 这部影片，是俄罗斯每年新年必播的贺岁片，近年还拍出了续集。影片中传递了很多俄罗斯的风土人情，是非常好的文化教学片。我们从中可以了解到不同的俄罗斯习俗，比如俄罗斯人新年前要去澡堂洗澡的习惯、俄罗斯浴室跟中国浴室的不同、俄罗斯的洗浴文化、俄罗斯人饮酒的习惯、伏特加、苏联时期建筑的特点、多才多艺的俄罗斯人（如吉他弹唱）等等，让学生从欣赏的角度更形象地了解相关的民俗风情，既轻松，又印象深刻。

（三）建立实训基地

高职教育的目标是培养具备扎实的专业基础知识并具有相当实践能力的复合型人才，因此与企业联合，建立实训基地是将理论学习与实践学习相结合的非常好的一种方法。我们可以与俄资公司、有对俄业务关系的中资公司、生产厂家等企业建立合作关系，每年固定时间选派学生到企业进行实习，学生在为企业提供外语服务的同时又能在真实的语言环境中对所学知识进行运用和巩固，并了解自己的不足，通过不断地反复学习进而提高专业水平。通过与俄罗斯人的直接接触，更增强了不同文化的“互动”与“体验”。

（四）开展国际交流

让自己的学生走出去，请俄罗斯的学生走进来，广泛开展国际交流，也是提升外语学习主动性、提高学习效率的有效机制之一。高职学生经过一段时间的学习，具备基本交际技能后，到俄罗斯对口学校进修学习，或者到已建立合作关系的俄罗斯企业里进行实践，在与俄罗斯人面对面交往的过程中真正理解体会、不断加深对异族文化的理解和包容。俄罗斯学校的学生也可到本校来学习汉语，与留学生的交流同样可促进中国学生对俄罗斯文化的了解和把握。

（五）进行文化对比

在教学过程中就某一文化现象对比，让学生更加了解不同文化内涵的本质和区别。对比的前提是要对自己的文化有较全面的了解。正如从事文化学研究的学者霍尔指出的，了解外国文化的最佳方式只有当体验到强烈的对比和差异时才会产生深入研究的兴趣。（转引自顾嘉祖 2005：8）比如中国人在称呼上与俄罗斯人有很大的不同。中国人习惯在具体姓氏后加职务来表示对人的尊重，如张经理、李科长、王老师等，而俄罗斯人则习惯用名和父称表示对人的尊重，俄罗斯人直呼其名的称谓习惯在中国人看来是不礼貌的。通过文化差异的对比不仅能让学生更清楚地了解文化的异同，把握交际规则，同时文化差异也促进了对语言差异的把握和运用，二者相辅相成。

四、结语

“外语教学的任务是培养在具有不同文化背景的人们之间进行交际的人才。”（转引自顾嘉祖、王斌华 2005：158）这一思想在以培养实用型人才为目标的高职外语教学中显得尤为重要。我们在高职外语教学实践中要适量增加文化导入的教学比重，把语法教学与文化教学有效结合起来，充分利用多媒体、实训基地、对外合作等途径，培养出既具有相当语言知识，又熟知跨文化交际规则的实用型外语人才。我们提倡文化导入与高职外语教学的紧密结合，但同时我们要注意文化教学的目标应定位在“提高意识”，而不是“认同采纳”（转引自顾嘉祖、王斌华 2005：157）。也就是说我们要培养学生运用语言知识的能力，让他们知道说什么，怎么说，如何消除文化差异所造成的沟通上的障碍，但并不是让学生抛弃自己的文化认同而被异国文化同化。

参考文献

［1］С.Г.Тер-Минасова. *Язык и межкультурная коммуникация*. Москва：Издательство СЛОВО/SLOVO，2000.

［2］林纪诚．语言与文化综论［M］// 顾嘉祖等．语言与文化．上海：上海外语教育出版社，2005：71–85.

［3］顾嘉祖．从文化结构看跨文化交际研究的重点与难点［M］// 顾嘉祖等．语言与文化，上海：上海外语教育出版社，2005：314.

[4] 胡文仲. 跨文化交际学概论 [M]. 北京：外语教学与研究出版社，2006.
[5] 顾嘉祖，王斌华. 语言习得与文化习得[M]// 顾嘉祖等. 语言与文化. 上海：上海外语教育出版社，2005：143–164.
[6] 胡文仲. 超越文化的屏障 [M]. 北京：外语教学与研究出版社，2004.

显性课程的“隐性化”与隐性课程的“显性化”

——经济新常态视阈下高职院校通识教育课程的改革思路

李　锐

摘　要　经济发展的新常态下职业教育的培养重心将转移，面向个体的全面发展和为受教育者的可持续发展奠定基础的通识教育将更受重视。然而，现阶段各职业院校在通识教育方面存在诸多问题，如对通识教育的理念认识不足，未能发挥显性课程（课堂教学）和隐性课程（第二课堂）的协同作用等。为回应经济新常态下的职业教育需求，高职院校通识教育课程的改革理应遵循“显性课程的隐性化”和“隐性课程的显性化”的原则，做到“有所为”和“有所不为”，为实现职业教育的总目标而服务。

关键词　经济新常态、显性课程、隐性课程

作者简介

李锐，上海济光职业技术学院讲师。

基金项目　本文系上海市教委“上海高等职业教育创新发展行动计划”资助的上海济光职业技术学院创新发展行动计划之“促进职业技能培养与职业养成相融合”（编号RW-65）部分成果。

“中国制造2025”“互联网+”“一带一路”战略方针的实施等经济发展的新常态必将引发职业教育的一系列变革。在这种形势下，职业教育的培养目标有所转移，培养学生综合的软性职业能力和职业精神以及创新改造的能力成为职业教育培养的重要内容。[1]换言之，面向个体的全面发展和为受教育者的可持续发展奠定基础的通识教育将更受重视。而企业对员工的综合素养和生源水平的更高要求使得职业教育整体层次高移成为发展趋势，[2]也使得增大职业教育中通识教育课程的比例和丰富通识教育课程的内容成为可能。教育部新颁布的《高等教育创新发展三年行动计划（2015—2018年）》，同样强调形

成“融人文素养、职业精神、职业技能为一体的育人文化”，这从人才培养的高度上为通识教育课程的改革指明了方向。由此也可以看出，高职通识教育包括了两个方面：公民素质教育和大学生职业素质教育。公民素质教育是以高职大专学生的社会责任担当、文化基础、人生观发展、职业规划等为支点的教育，重在正确价值观指导下对学生个体的心智解放和智慧启迪，[3]这一点和普通高等教育的通识教育目标没有本质区别。而提升职业素质教育的要求则突出了高职教育“职业性”的一面。

一、现阶段职业教育中通识教育存在的问题

现阶段各职业院校在通识教育方面存在诸多问题。

首先，最大的问题来自于人们的理念，其他的问题或多或少是这一问题的衍生。当前，职业教育的功利性和职业指向是非常明确的，而人们往往片面强调职业教育的工具价值，忽视了职业教育仍然属于面向“人”的教育，“人”并非作为“经济工具”而应作为“发展的目的”加以对待。

另外，很多人对于通识教育的概念认识不清，如有人将通识教育简单地等同于人文教育，而在具体实施时常被“两课”和语数外等“公共基础课”取代。[4]思想观念上的轻视和概念上的模糊导致了目前高职院校里通识教育教学管理的不健全、通识教育课程不成体系，尤其是第二课堂主导的隐性教育课程的评价体系远未建成等。

第二个问题是，教育内容与生活联系不够，而选材狭窄的通识教育课程往往脱离学生的实际生活；再加上传统教学中“灌输式”的教学方式的惯性依然存在，所以难以达到真正的成效。

第三个问题是，通识教育和专业教育的融合程度不足，通识教育课程的职业性体现得不够充分。许多课程存在“普通化”倾向，无论内容还是形式都与普通院校趋同，基本未能反映出职业院校自身的特点。

第四个问题是职业院校中通识教育师资力量不够。通识教育课程的设置和实施随意性较大，“因人设课”的情况比较普遍，很少考虑到通识教育与专业教育的融合。由于长期以来人们的思维定式，认为专业团队建设优于“基础教育”，使得通识教育教学的规范性和教学团队建设远远滞后于专业院系的发展，这严重影响了通识教育教学的成效。[5]

二、高职院校通识教育课程的改革思路

现有条件下，即使职业院校认识到通识教育的重要性以及它在经济新常态下将要发挥的作用，然而囿于学制、学时等客观条件的限制，要破解上述难题也绝非易事。因此，合理设置通识教育课程，合理取舍通识教育的内容，发挥显性课程（课堂教学）和隐性课程（第二课堂）的协同作用，必须遵循“显性课程的隐性化”和“隐性课程的显性化”的原则。

（一）显性课程的“隐性化”

显性课程是相对隐性课程而言的，此处指通过常规的课堂教学来实施的课程，包括各类必修课和选修课。在“中国智造”“机器换人”的背景下，劳动力的需求特征呈现出注重促进基本技能和跨行业通用技能的平衡发展。[6]这就需要我们在通识教育的课程设置中做出积极的回应，既要包括面向专业群的基础知识和基本技能，又要包括培养跨专业通用能力的“软技能”。回到我们的问题，囿于总课时的限制，如何使得这些课程有序、高效地开展下去？换言之，显性课程的“隐性化”该如何操作？这需要在教学内容和教学方式两方面下功夫。

首先，“隐”在课堂教学内容，即淡化学科性，突出生活性。

高职院校通识课程的定位首先要转变教育理念，即从以知识为中心的学科理念向以学生为本的通识教育理念转变，因此，高职类通识文化课程不必追求系统完整的学科性，而应选材广博，着重突出其生活性。“生活性指课程内容要密切联系学生的生活，要敢于把一些非常实用而在以往的观念中不受重视的内容纳入到课程中”。[7]比如有的院校开设了类似“浙江民俗”这样的课程，听起来不够“高大上”，但是却对培养学生们对于特定区域文化习俗的了解、认同和审美是极为有益的，如果课程有效开展，我们有理由相信学生由此获得的启发和审美体验会迁移到未来的职业情境之中。同理，诸如“消费者经济”“法律基础”这类旨在提升公民素质的课程则需要求既能反映相关学科的概貌，又能满足学生在经济生活和社会生活中的基本要求，比如重点讲授和学习炒股票、打官司等这类实际生活中应用较广的实用技能。

其二，“隐”在教学形式，将学生推向前台，教师“隐”在幕后，摒弃灌输式的授课方式，突出时代性。

时代性的要求之一，即是现代教育信息技术的有效运用。在学制和学时没有明显增加的情况下，要想达成通识教育广博性的目标，这就需要我们压缩课堂教学课时，

充分利用现代信息技术，借助网络自主学习平台、“慕课”等网络教学资源、“翻转课堂”等混合式教学方法，全方位提升教学效率。仍以上文提到的课程“浙江民俗”为例，可以采用教师推荐书目，学生课外阅读和走访调研为主，课上汇报、讨论为辅的方式来节约课堂教学时间，而考查形式更可以灵活多变，读后感、摘要和笔记、课堂口头汇报等皆可以作为成绩评价的依据。

时代性的要求之二，就是教师在教学方法上还应充分发挥学生的主体作用，走进“95”后职教生的心理世界，将学生推向前台，建立起平等的师生关系，避免“一言堂”“说教式”和“填鸭式”等强行灌输式的教学方法。比如德育类课程，如果一上来就被学生定义为“洗脑课”，而教师被认为是一贯正确的“权威”，那么接下来学生的不配合是可以预见的。有教师坦言，“教育者常常是以一贯正确的、以上对下的口气在进行实际教育，话题说着说着就暗含着对学生某些行为的不满、指责和批判，甚至表现出来对他们未来的担忧”。[8] 而平等的态度、洽谈式的方法则更容易被学生所接受。学生们应该被推上前台，甚至可以尝试让学生自己来组织和主持讨论，论坛式、沙龙式的讨论方式在相对自由的氛围中更容易锻炼学生的发散思维和培养他们的思辨能力。

时代性的要求之三，要求课堂要紧扣时代热点，引入引起民众热议的话题，尤其是职业领域里的热点话题进行讨论。讨论的结果不在于求得一个具体的答案，重要的是引起共鸣、启迪心智与激烈争辩后的豁然开朗。在这个过程中教师的作用是重要的但又是“隐形”的，坚持“全员育人、全程育人和全方位育人”的指导方针，依靠自己的人格魅力、依靠春风化雨般的教学功力，来达到“润物细无声”的教学效果。

（二）隐性课程的“显性化”

隐性课程又称“隐形课程”“第二课堂”等，此处泛指常规课堂之外的课外教育、社团活动、社会实践、校园文化活动等，属于通识教育的一部分，发挥着显性课程无法替代的作用。

隐性课程如何“显”？首先，从教学管理的角度，要凸显校园文化建设的氛围，建立起合理的第二课堂评价机制。对学生而言，他们参与社团活动、社会实践等，除了给予一些鼓励性奖项之外，或可承认一定的学分，而他们参加社团的演出、读书报告、小论文、考察报告等，皆可作为学习评价的依据，这样就可以吸引学生们参与到隐性课程中来，在学习质量上也会有较大的提升。

对教师而言，他们为了组织一些社团活动、开展校园文化建设付出了相当多的心血，这部分工作理应得到承认。许多高职院校，尤其是民办院校，只是将上课的课时算作工作量，而针对学生第二课堂开展的辅导工作仅被视作“锦上添花”，这挫伤了教师们利用隐性课堂开展通识教育的积极性。

另外，隐性课程的开展还需要投入相应的资金，某些院校在这上面的投入捉襟见肘，使得一些有意义的校园文化活动难以为继。如果学校能在制度和资金上给予学生和教师相应的保障、鼓励和扶持，我们就能充分发挥好隐性课堂这块阵地的作用。

其二，隐性课程在实施过程中要凸显其“职业性”，着力培养学生的职业道德、职业精神和创新思维及创造能力。在一些专业准备类的通识课程中是一定要体现这一理念的，而职业素质的培养通常被认为在隐性课程中较难开展。事实上，组织良好的隐性课程同样可以彰显职业特色，在培养学生的职业道德和创新性思维方面发挥突出的作用。比如一些模拟职业场景的技能比赛在促进学生对于职业规范的认知、锻炼职场情境中解决问题的能力起到了显著的作用。

再以德育课程为例，有些活动可以从社会公德切入，也可以从职业道德切入，建议还是以职业道德素养为主线，有利于“职业人”核心素养的养成。[9] 而职业规范教育是职业精神培育的切入点，职业教育应当通过职业规范中隐含的纪律精神引导学生深刻理解规范背后的合作精神、奉献精神等，使学生在“规范”约束下“做”的过程中不断认同并内化规范中隐含的职业精神。学校更可以打破常规，邀请一些行业标兵、劳动模范或企业管理人员来学校上课或举办讲座，让“过去无形的职业道德教育依附于有形的工匠形象和职业行为上”，让学生在积极向上、充满职业氛围和弘扬“企业家精神”和“工匠精神”的氛围里成长。

三、小结

综上所述，对通识教育的理念认识不足，导致通识教育课程“先天不足”地存在诸多问题，也未能发挥显性课程（课堂教学）和隐性课程（第二课堂）的协同作用。所以，充分理解通识教育的重要性、了解通识教育的构成，在此基础上科学地、动态地根据各院校具体的情况设置通识教育课程，在顶层设计层面保证通识教育体系的建立是解决其他问题的先决条件。

在具体实施过程中，高职院校的通识教育理应遵循“显性课程的隐性化”和“隐性课程的显性化”这一改革思路，才能充分发挥两大课堂的协同作用，增加通识教育的成效。通识教育的显性课程一是“隐”在课堂教学内容，即淡化学科性，突出生活性。二是“隐”在教学形式，即教师需要摒弃灌输式的授课方式，借助现代教育技术手段，充分发挥学生的主体作用，突出时代性。隐性课程则要凸显校园文化建设的氛围，建立起合理的第二课堂评价机制；要凸显其"职业性"，着力培养学生的职业道德、职业精神和创新思维及创造能力。无论是显性课程的"隐"还是隐性课程的"显"，对应的都是职业教育通识课程为达成新经济常态下职业教育目标所采取的"有所为"和"有所不为"。这个教育目标就是：经济新常态下，通识教育要为个体的职业生涯和可持续的发展而服务，为培养社会经济发展所需要的复合型、创新型人才而服务。后续研究将继续探讨通识教育课程设置的科学性和合理性、通识教育师资队伍建设等问题。

参考文献

[1] 匡瑛，伍强瑞．新工业化与"互联网+"背景下的职业教育[J]．职教论坛，2016（29）：75-82.

[2] 李政．"中国制造 2025"与职业教育发展观念的转轨[J]．中国职业技术教育，2015（33）：38-44.

[3] 程瑞存，邱开金．高职通识教育改革研究[J]．教育与职业，2016（18）：20-23.

[4] 周元雄，王艳．高职院校通识教材开发[J]．温州职业技术学院学报，2016（1）：29-31，47.

[5] 刘晓，徐珍珍．"机器换人"背景下职业教育的发展：藩篱与跨越[J]．中国职业技术教育，2015（24）：19-23.

[6] 徐国庆．职业教育课程论[M]．上海：华东师范大学出版社，2008：211.

[7] 薛栋．课育·人育·境育：高职学生职业精神培育途径质性研究[J]．职业技术教育，2016，37（4）：42-46.

[8] 匡瑛．做有精神的人，做职业化的事——论职业院校"立德树人"核心素养及其培养途径[J]．职教通讯，2014（22）：25-29.

[9] 邱吉．培育职业精神的哲学思考——从职业规范的视角看职业伦理[J]．中国人民大学学报，2012（2）：75-82.